AUTO-Kennzeichen

Deutschland, Österreich und Schweiz

AUTO-
Kennzeichen

Deutschland, Österreich und Schweiz

EDITION XXL

WAS DIR DAS KENNZEICHEN ALLES VERRÄT

Wer ein Auto fährt, MUSS auch ein Nummernschild beantragen. Warum ist das so wichtig? Mit den Informationen auf dem Autokennzeichen kann man schnell herausfinden, wem der Wagen gehört. Schauen wir uns die Elemente des Nummernschildes einmal genau an:

TÜV-Plakette:
In regelmäßigen Abständen müssen Autos zur sogenannten Hauptuntersuchung (HU), bei der sie auf ihre Fahrtüchtigkeit untersucht werden. Die TÜV-Plakette zeigt an, wann die nächste HU ansteht.

Sternenkreis auf blauem Hintergrund:
An diesem Element kannst du ablesen, dass das Auto in der Europäischen Union zugelassen ist. Es verrät dir aber noch nicht, wo genau.

Länderwappen:
Hier kannst du erkennen, aus welchem Bundesland das Auto kommt.

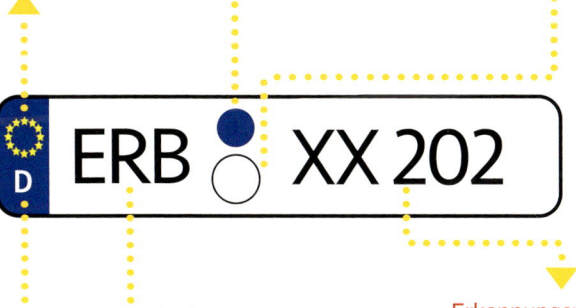

Länderkennzeichen:
Jetzt weißt du schon mehr. Unter dem Sternenkreis befinden sich Buchstaben, die dir sagen, in welchem Land das Fahrzeug zugelassen ist. Für Deutschland ist es der Buchstabe „D".

Erkennungsnummer:
Die Erkennungsnummer besteht aus zwei Elementen. Es geht mit Buchstaben los und darauf folgen zwei bis vier Zahlen.

Auf der Zulassungsstelle kann man eine Wunsch-Erkennungsnummer beantragen, das kostet aber extra. Eine Buchstaben-Zahlen-Kombination darf jedoch nicht zweimal vergeben werden, weshalb es mit dem Wunsch-Kennzeichen nicht immer klappt.

Unterscheidungszeichen:
Dieses Element verrät dir, aus welcher Stadt oder welchem Landkreis der Wagen stammt, z. B. „ERB" stammt aus Erbach.

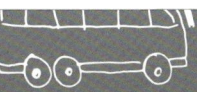

SONDERKENNZEICHEN

Neben den gängigen Nummernschildern, die man jeden Tag auf Fahrzeugen sehen kann, gibt es noch eine Reihe besonderer Kennzeichen, die uns im deutschen Straßenverkehr begegnen.

Das E-Kennzeichen für Elektrofahrzeuge

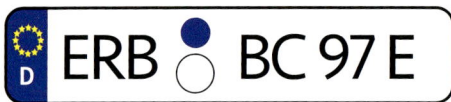

Auf dem Elektrokennzeichen befindet sich hinter Zulassungsort und Unterscheidungsnummer ein großes „E". Dieses Kennzeichen wurde Ende September 2015 eingeführt und kann von Besitzern elektrisch betriebener Fahrzeuge beantragt werden. Zu den Elektroautos zählen reine Batterie-Elektrofahrzeuge, von außen aufladbare Hybrid-Elektrofahrzeuge sowie Brennstoffzellenfahrzeuge. Autos mit diesem Kennzeichen dürfen Busspuren benutzen oder kostenlos parken, vorausgesetzt die Behörden vor Ort haben entsprechende Privilegien für die Besitzer von Elektrofahrzeugen geschaffen.

Händler-/Werkstattkennzeichen

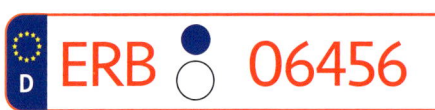

Dieses Kennzeichen ist ausschließlich für Firmen im Autohandel und -Service, damit diese Probe- und Zulassungsfahrten im öffentlichen Straßenverkehr unternehmen können. Das Kennzeichen besitzt eine rote Schrift und die Nummer beginnt mit den Ziffern „06".

Wechselkennzeichen

  Vorderes Kennzeichen

  Hinteres Kennzeichen

Das Wechselkennzeichen gibt es seit Juli 2012. Es besteht aus zwei Teilen: einem abnehmbaren Teil, der für mehrere Fahrzeuge verwendet werden kann und einem weiteren Teil, der stets am Fahrzeug befestigt bleibt. Der feste Teil ist beim vorderen Kennzeichen mit dem Siegel der Zulassungsbehörde und beim hinteren Kennzeichen mit der Prüfplakette versehen. Jedes Fahrzeug erhält eine individuelle Ziffer (beim ersten Auto die 1, beim zweiten Auto die 2 …), die sich ebenfalls auf dem festen Teil befindet und die Kennzeichennummer vervollständigt.

Interessant:
Ursprünglich sollte das Wechselkennzeichen zum Kauf eines Neuwagens anregen, da es im Gespräch war, Steuern und Versicherungsgebühren nur für das teuerste Fahrzeug zu erheben. Dies wurde jedoch nie umgesetzt, weshalb man dieses Kennzeichen nur selten zu Gesicht bekommt.

H-Kennzeichen für Oldtimer

Das „H" dieses Kennzeichens steht für „historisch" und es ist speziell für Fahrzeuge, die mehr als 30 Jahre alt und nahezu im Originalzustand erhalten sind. Diese Autos dienen der „Erhaltung des fahrzeugtechnischen Kulturgutes" und deshalb profitieren deren Besitzer von günstigeren Versicherungsbedingungen.

Oldtimer-Kennzeichen (Wechselkennzeichen)

Als Alternative zum H-Kennzeichen kann auch dieses Kennzeichen beantragt werden. Man kann es außerdem als Wechselkennzeichen für mehrere Fahrzeuge nutzen. Das Oldtimer-Kennzeichen hat eine rote Schrift und seine Nummer beginnt immer mit den Ziffern „07".

Saisonkennzeichen

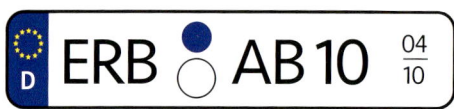

Kann ein Fahrzeug nicht das ganze Jahr genutzt werden, z. B. wegen der Witterungsverhältnisse, dann bietet sich in diesem Fall ein Saisonkennzeichen an. Am rechten Rand des Kennzeichens sind die Monate eingeprägt, in welchen das Fahrzeug im öffentlichen Straßenverkehr betrieben werden darf. In den übrigen Monaten muss das Gefährt privat abgestellt werden.

Ausfuhrkennzeichen (Exportkennzeichen)

Muss ein Fahrzeug ins Ausland überführt werden, wird das Ausfuhrkennzeichen benötigt. Das Ablaufdatum ist am rechten Rand eingeprägt und rot hinterlegt. Das Kennzeichen ist jedoch höchstens ein Jahr gültig und nach Ablauf der Versicherung darf das Fahrzeug nicht mehr auf deutschen Straßen fahren.

Kennzeichen für steuerbefreite Fahrzeuge

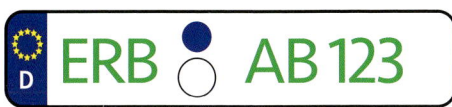

Dieses Kennzeichen kommt bei Fahrzeugen von Staatsbediensteten zum Einsatz. Auch Kranken- und Behindertentransportfahrzeuge sowie Landschaftsfahrzeuge und spezielle Fahrzeuge des Transportgewerbes tragen dieses Kennzeichen. Man erkennt es an seiner grünen Schrift.

Kurzzeitkennzeichen (Überführungskennzeichen)

Dieses Kennzeichen dient dem einmaligen Gebrauch, um ein nicht angemeldetes Auto an einen bestimmten Ort zu fahren (z. B. zum TÜV). Ein solches Kennzeichen ist maximal 5 Tage lang gültig und der Ablauf der Frist (Tag, Monat, Jahr) ist am rechten Rand ersichtlich und gelb unterlegt. Die Nummer auf diesen Kennzeichen beginnt immer mit den Ziffern „04".

Diplomatenkennzeichen

Das Diplomatenkennzeichen beginnt immer mit einer Null, im Falle von Botschaftspersonal beginnt es jedoch mit dem Kürzel der ausgebenden Verwaltung (z. B. „B" für Berlin). Der darauf folgende Ziffernblock gibt das Herkunftsland an (z. B. 17 für die USA), die weiteren Ziffern den Dienstgrad des Fahrzeughalters. Je kleiner diese Zahl, desto höher ist der Dienstgrad.

Interessant:
Diplomaten erhalten keinen Bußgeldbescheid und gegen sie kann auch kein Fahrverbot verhängt werden. Darüber hinaus müssen Diplomaten keine Kfz-Steuern bezahlen.

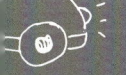

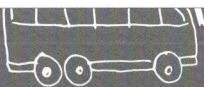

AUTOKENNZEICHEN IN DEUTSCHLAND

AUGSBURG

 Stadt Augsburg
Bundesland: Bayern

Die Augsburger Puppenkiste ist ein welt-
berühmtes Marionettentheater. Es befindet
sich im denkmalgeschützten Heilig-Geist-
Spital in der Augsburger Altstadt und führt
seit 1948 Märchen und ernstere Schauspiele
auf.

ASCHAFFENBURG

 Kreis: Aschaffenburg
Bundesland: Bayern

Auf jeden Fall einen Besuch wert ist
Schloss Johannisburg, das majestätische
Wahrzeichen Aschaffenburgs. Die fast
90 m² große Vierflügelanlage zählt zu
den bedeutendsten Schlossbauten der
deutschen Renaissance.

AALEN

 Kreis: Ostalbkreis
Bundesland: Baden-Württemberg

Im Limesmuseum in Aalen kann man
Waffen, Schmuck und Ausrüstungsge-
genstände aus der Zeit des römischen
Kaiserreiches bewundern. Besonders
beliebt sind die regelmäßig stattfindenden
Römertage.

ALTENBURG

 Kreis: Altenburger Land
Bundesland: Thüringen

Spielkarten begegnet man in Altenburg
überall. Nachweislich werden sie seit
500 Jahren in der Stadt Altenburg hergestellt. Ein Höhepunkt ist der Besuch im
Spielkartenmuseum – mit anschließender
Kartentaufe am Skatbrunnen.

ANHALT-BITTERFELD

 Kreis: Anhalt-Bitterfeld
Bundesland: Sachsen-Anhalt

In der Parkanlage der Stadt Altjeßnitz liegt
der historische Hecken-Irrgarten. Er bietet
viel für Familien: Spannung und Spiel
sowie einen schönen Tag an der frischen
Luft.

AACHEN

 Stadt Aachen
Bundesland: Nordrhein-Westfalen

Über die Grenzen von Aachen hinaus
sind die Aachener Printen bekannt. In
der Adventszeit halten sie in den meisten
Geschäften des Landes Einzug und sorgen
für vorweihnachtliche Stimmung.

AUERBACH

 AE
Kreis: Vogtlandkreis
Bundesland: Sachsen

Auerbach trägt auch den Namen „Drei-Türme-Stadt". Wenn man in der Nacht auf Auerbach schaut, kann man den Ausblick auf den wunderschön erleuchteten Schloss-turm, den Turm der katholischen Kirche und den der evangelischen Kirche genießen.

BAD AIBLING

 AIB
Kreis: München, Rosenheim
Bundesland: Bayern

Im Aiblinger Moor erlebt man eine intensive Begegnung mit Moor und Natur. Bei einem kleinen Spaziergang durch die nahegelegenen Sterntaler Filze erfährt man alles rund um das einzigartige Heilmittel Moor.

ALTENKIRCHEN

 AK
Kreis: Altenkirchen (Westerw.)
Bundesland: Rheinland-Pfalz

Glückauf! Im Bergbaumuseum erlebt man die Geschichte des Bergbaus in allen Facetten. Bei einer spannenden Führung erfährt man Wissenswertes und die ein oder andere Geschichte aus dem Leben und dem Arbeitsalltag der Bergleute.

AHAUS

 AH
Kreis: Borken
Bundesland: Nordrhein-Westfalen

Das Barock-Wasserschloss Ahaus befindet sich direkt in der Innenstadt und wurde 1690 errichtet. Heute sind im Schloss die Technische Akademie Ahaus sowie das Torhaus- und das Schulmuseum untergebracht.

AICHACH

 AIC
Kreis: Aichach-Friedberg
Bundesland: Bayern

Nahe dem Städtchen Aichach befindet sich das Wasserschloss Unterwittelsbach, auch „Sisi-Schloss" genannt. Die österreichische Kaiserin verbrachte hier viele unbeschwerte Kindheitstage. Nun beherbergt das Schloss ein Sisi Museum.

ALFELD (LEINE)

 ALF
Kreis: Hildesheim
Bundesland: Niedersachsen

Die Region des Leineberglandes lädt zur aktiven Freizeitgestaltung ein. Die historische Altstadt Alfelds, Museen, Ausstellungen und das von Walter Gropius errichtete Fagus Werk laden zum Bummeln und Staunen ein.

ALZENAU

 ALZ Kreis: Aschaffenburg
Bundesland: Bayern

Schon von Weitem grüßt Alzenaus Wahrzeichen, die Burg aus dem 14. Jahrhundert. Einst Verwaltungssitz der Kurfürsten von Mainz, ist sie heute malerischer Anziehungspunkt bei vielen Veranstaltungen und auch bei den Weinfesten.

ANSBACH

 AN Kreis: Ansbach
Bundesland: Bayern

Im Markgrafenmuseum gibt es auch eine Abteilung über das Findelkind Kaspar Hauser. Die Legende besagt, dass er der eigentliche Erbprinz von Baden gewesen sei, jedoch für tot erklärt wurde. Diese Prinzen-Legende gilt aber als widerlegt. Kaspar Hauser starb nach einer Stichverletzung.

ANGERMÜNDE

 ANG Kreis: Uckermark
Bundesland: Brandenburg

In Angermünde sind bis auf wenige Ausnahmen alle Gebäude in der Innenstadt saniert. Wichtige Bauwerke der Stadt sind das Franziskanerkloster und die Marienkirche. Angermünde ist ein „Staatlich anerkannter Erholungsort".

AMBERG

 AM Stadt Amberg
Bundesland: Bayern

Das Eh'häusl ist ein 2,5 m breites Hotel in der Altstadt von Amberg. Laut Angaben der Betreiberin gilt es heute als „das kleinste Hotel der Welt". Das Haus wurde auf einer etwa 20 m^2 großen Grundfläche errichtet.

ANABERG-BUCHHOLZ

 ANA Kreis: Erzgebirgskreis
Bundesland: Sachsen

Sehen, hören, riechen, schmecken und fühlen – mit allen Sinnen durch die Ausstellung gehen kann man in der Manufaktur der Träume. Die fantasievoll in Szene gesetzten Stücke zeugen von den Träumen ihrer Schöpfer.

ANKLAM

 ANK Kreis: Vorpomm.-Greifswald
Bundesland: Meckl.-Vorpomm.

Das Otto-Lilienthal-Museum beschreibt, wie aus einem alten Menschheitstraum die licht- und schattenreiche Geschichte des Flugzeugs wurde. 1891 gelangen Otto Lilienthal die ersten sicheren Gleitflüge der Geschichte.

ALTÖTTING

 AÖ Kreis: Altötting
Bundesland: Bayern

Der Altöttinger Kapellplatz ist eine Schöpfung des Barocks und gleichzeitig die Bühne für ein geistliches Schauspiel: die Wallfahrt. Der zentrale Platz ist das Ziel der Pilger, die aus Bayern und der ganzen Welt zur Gnadenkapelle strömen.

APOLDA

 AP Kreis: Weimarer Land/Apolda
Bundesland: Thüringen

Mit „David, dem Strickermann" etablierte sich seit 1593 das Handwerk des Strumpfstrickens in dieser Stadt. Die Einführung des Strumpfwirkerstuhls führte zur Gründung vieler kleiner Betriebe.

APOLDA

 APD Kreis: Weimarer Land
Bundesland: Thüringen

Das Glockenmuseum in Apolda zeigt die Kulturgeschichte der Glocke von den Anfängen bis zur Gegenwart. Die Besonderheit des Museums: Die meisten Glocken dürfen berührt und angeschlagen werden.

ARNSTADT

 ARN Kreis: Ilm-Kreis
Bundesland: Thüringen

Der Orgelbaumeister Wender fertigte 1703 eine Orgel für die Arnstädter Kirche, die Johann Sebastian Bach abgenommen und geprüft hat. Bach wurde dann als Organist berufen und blieb bis 1707.

ARTERN

 ART Kreis: Kyffhäuserkreis
Bundesland: Thüringen

Der Salinepark Artern hat inzwischen eine Größe von 64 500 m². Der Park besitzt eine Freilichtbühne, auf der öfter Veranstaltungen stattfinden. Außerdem gibt es dort ein Soleschwimmbecken zum Entspannen.

AMBERG-SULZBACH

 AS Kreis: Amberg-Sulzbach
Bundesland: Bayern

Das Hockermühlbad in Amberg ist ein beliebter Erholungsort für Jung und Alt. Hier kommen die Sonnenanbeter ebenso auf ihre Kosten, wie alle, die gerne schwimmen. Von den Ambergern wird das Freibad auch liebevoll das „Hocko" genannt.

ASCHERSLEBEN

 ASL — Kreis: Salzlandkreis
Bundesland: Sachsen-Anhalt

Als älteste Stadt in Sachsen-Anhalt bietet Aschersleben eine besondere Attraktion: Rund um die Altstadt lädt eine ca. 2,2 km lange, zu großen Teilen gut erhaltene Stadtbefestigungsanlage aus dem 15. und 16. Jahrhundert zum Staunen ein.

AUE-SCHWARZENBERG

 ASZ — Kreis: Erzgebirgskreis
Bundesland: Sachsen

Im Eisenbahnmuseum Schwarzenberg kann man Exponate aus fast 140 Jahren Eisenbahngeschichte erleben, darunter fünf Dampfloks. Auch ein Dampfpersonenzug für Fahrten in die idyllische Erzgebirgsregion steht bereit.

ALTENTREPTOW

 AT — Kreis: Mecklenburg.-Seenplatte
Bundesland: Meckl.-Vorpomm.

Der Brunnen auf dem Markt in Altentreptow ist ein Brunnen der besonderen Art: Er versprüht sein Wasser in alle Richtungen, weshalb er an heißen Sommertagen für eine Erfrischung sorgt.

AUE

 AU — Kreis: Erzgebirgskreis
Bundesland: Sachsen

Die Stadt Aue liegt im sächsischen Erzgebirgskreis und galt bis zum 20. Jahrhundert als bedeutende Bergbau- und Industriestadt. Davor erlebte Aue eine erste Blüte durch den Abbau und die Verarbeitung von Eisen und Silber.

AURICH

 AUR — Kreis: Aurich
Bundesland: Niedersachsen

Die Stiftsmühle Aurich ist die höchste zu besichtigende historische Windmühle Deutschlands und außerdem das Wahrzeichen der Stadt. An besonderen Tagen kann man beobachten, wie mit Windkraft Korn zu Mehl gemahlen wird.

AHRWEILER

 AW — Kreis: Ahrweiler
Bundesland: Rheinland-Pfalz

Mit vielen Mitmachmöglichkeiten und Events rund um das Thema Motorsport hat der Nürburgring die Herzen von Fans und Familien im Sturm erobert. Hier kann man sich in Simulatoren sogar selbst wie ein Rennfahrer fühlen.

ALZEY

 AZ Kreis: Alzey-Worms
Bundesland: Rheinland-Pfalz

Auf dem Rossmarkt, dem Herzen von Alzey, trifft man auf „Max", das Ross des Ritters Volker von Alzey. Es lädt Kinder dazu ein, sich auf den Sattel zu setzen und sich mit dem edlen Ross aus Bronze fotografieren zu lassen.

BERLIN

 B Stadt Berlin
Bundesland: Berlin

Das Brandenburger Tor am Pariser Platz ist wohl das bekannteste Wahrzeichen Berlins. Bis zur Spitze der Quadriga ist es 26 m hoch. Es ist außerdem ein nationales Symbol, mit dem viele geschichtsträchtige Ereignisse verbunden sind.

BADEN-BADEN

 BAD Stadt Baden-Baden
Bundesland: Baden-Württemberg

Mit seinen 2500 Sitzplätzen gehört das Festspielhaus zu den größten Spielstätten der klassischen Musik in Europa. Bekannt für seine gute Akustik, bietet das Festspielhaus ganzjährig Veranstaltungen mit internationalen Stars an.

ANHALT-ZERBST

 AZE Kreis: Anhalt-Bitterfeld
Bundesland: Sachsen-Anhalt

Das Schloss Zerbst gründet sich auf eine slawische Wasserburg und war früher das Residenzschloss der Fürsten von Anhalt-Zerbst. Das Schloss kann während der Sommermonate besichtigt werden.

BAMBERG

 BA Kreis: Bamberg
Bundesland: Bayern

Die Altstadt von Bamberg hat den größten weitgehend unversehrt erhaltenen historischen Stadtkern in Deutschland. Darüber hinaus ist Bamberg bekannt für die traditionellen Gärtnerbetriebe, die sich inmitten der Stadt befinden.

BARNIM

BAR Kreis: Barnim
Bundesland: Brandenburg

Spannend für die gesamte Familie ist ein Besuch des Schiffshebewerks Niederfinow nahe Eberswalde. Sowohl das alte als auch das neue Werk können hier im Rahmen von Führungen besichtigt und die Technik bewundert werden.

BÖBLINGEN

BB Kreis: Böblingen
Bundesland: Baden-Württemberg

Die Mineraltherme in Böblingen ist ein Highlight für Freunde von Wellness und Saunabesuchen. Das Besondere: Das Böblinger Thermalwasser sprudelt aus einer eigenen salzhaltigen Mineralthermal-quelle.

BIBERACH

BC Kreis: Biberach
Bundesland: Baden-Württemberg

Der Gigelberg ist vor allem wegen des mittelalterlichen Turms, den Märkten und den Schützenfesten bekannt. Er liegt direkt im Stadtkern und man hat einen wunderbaren Ausblick über die Stadt, die im Herbst oft im Nebel versinkt.

BECKUM

BE Kreis: Warendorf
Bundesland: Nordrhein-Westfalen

Beckum war einst das weltgrößte Zement-revier mit über 30 Zementfabriken. Das Zementmuseum lädt zu einer interes-santen Reise durch die Geschichte und Gegenwart dieser bedeutenden Industrie ein.

BERNBURG

BBG Kreis: Salzlandkreis
Bundesland: Sachsen-Anhalt

Der Eulenspiegelturm in Bernburg gilt als das größte Denkmal des Volkshelden Till Eulenspiegel. Hier soll der Schalk um 1325 als Turmbläser gearbeitet und für eine kurze Zeit in einer Kammer gelebt haben.

BUCHEN

BCH Kreis: Neckar-Odenw.-Kreis
Bundesland: Baden-Württemberg

Die Buchener Faschenacht hat eine über 500-jährige Tradition. Beim jährlichen Faschenachtsumzug wird dem Buchener Blecker, einer aus dem Mittelalter stam-menden Symbolfigur, pflichtgemäß das Hinterteil geküsst.

BRAND-ERBISDORF

BED Kreis: Mittelsachsen
Bundesland: Sachsen

Einst gehörten die Silbererzgänge um Brand-Erbisdorf zu den reichsten in Sachsen. Im Museum „Huthaus Einigkeit" kann man viele alte Überbleibsel der Bergleute bestaunen.

BERNAU

 Kreis: Barnim
Bundesland: Brandenburg

Das Hussitenfest wird alljährlich im Juni als großes Mittelalterspektakel gefeiert. Grund des Festes ist die Abwehr der Hussiten im Jahr 1432. Beim Festumzug präsentieren über 1600 Akteure die Geschichte der Stadt.

BERCHTESGADEN

 Kreis: Berchtesgadener Land
Bundesland: Bayern

Der Königssee ist der bekannteste Gebirgssee Bayerns. Mächtige Felsen umringen ihn. An seiner tiefsten Stelle misst der Königssee 192 m. Wer den Gebirgssee auf dem Boot erkundet, kann ein Echo hören.

BÜHL

 Kreis: Ortenaukreis, Rastatt
Bundesland: Baden-Württem.

Das im September stattfindende „Bühler Zwetschgenfest" zieht jährlich zahlreiche Besucher an. Die Repräsentantin der Frucht, der Stadt und des Festes ist die Bühler Zwetschgenkönigin, auch die „Blaue Königin" genannt.

BURGSTEINFURT

 Kreis: Steinfurt
Bundesland: Nordrhein-Westfalen

Das Wasserschloss Burgsteinfurt ist die älteste Wasserburganlage von Westfalen und steht auf einer fast kreisrunden Insel, die von dem Flüsschen Aa umschlossen wird. Heute ist das Wasserschloss wieder bewohnt.

BERCHTESGADENER LAND

 Kreis: Berchtesgadener Land
Bundesland: Bayern

Die Legende des Watzmanns besagt, dass der böse König Watze das Berchtesgadener Land tyrannisierte und als Strafe mitsamt seiner Familie zu Stein verwandelt wurde. Der 2713 m hohe Gipfel ist das Wahrzeichen des Berchtesgadener Landes.

BIELEFELD

 Stadt Bielefeld
Bundesland: Nordrhein-Westfalen

Die Sparrenburg ist das Wahrzeichen von Bielefeld und befindet sich auf dem 180 m hohen Sparrenberg. Von oben reicht der Blick nicht nur über die Stadt, sondern weit hinein in die Umgebung des Teutoburger Waldes.

BIEDENKOPF

 BID Kreis: Marburg-Biedenkopf
Bundesland: Hessen

1822 wurde eine Postkutsche aus Kombach von Räubern überfallen. Sie erbeuteten über 10 000 Gulden. Nun bietet die Stadt Kindern an, sich auf die Spuren der Räuber zu begeben und den Raub endlich aufzuklären.

BIRKENFELD

 BIR Kreis: Birkenfeld
Bundesland: Rheinland-Pfalz

Der Edelsteingarten in Kempfeld soll allen Besuchern die versteckten Schönheiten der Region näher bringen. Mehr als 100 Edelsteine, auf Pfosten präsentiert, können bestaunt und angefasst werden.

BISCHOFSWERDA

 BIW Kreis: Bautzen
Bundesland: Sachsen

Der Butterberg ist schon seit vielen Jahrzehnten ein beliebtes Ausflugsziel. Auf 385 m Höhe findet man ein großartiges Naturidyll. Wer die 100 Stufen des Aussichtsturms erklimmt, wird mit einer fantastischen Aussicht belohnt.

BINGEN

 BIN Kreis: Mainz-Bingen
Bundesland: Rheinland-Pfalz

Um den Binger Mäuseturm ranken sich viele Überlieferungen. Die bekannteste Sage ist die von Bischof Hatto, der hier angeblich als Strafe für seine Unbarmherzigkeit bei lebendigem Leib von Mäusen aufgefressen wurde.

BITBURG

 BIT Kreis: Eifelkreis-Bitburg-Prüm
Bundesland: Rheinland-Pfalz

Der Gäßestrepper stellt eine alte Legende dar, in der Kinder mit alten Ziegenfellen verkleidet die Stadt retteten, indem sie so einen Überfluss an Nahrung vorgaukelten. Die Belagerer zogen ab und die Stadt war gerettet.

BACKNANG

 BK Kreis: Rems-Murr-Kreis
Bundesland: Baden-Württemberg

Das Seeschloss Monrepos in Ludwigsburg wurde im 18. Jahrhundert im Rokoko-Stil erbaut. Im Paradies-Gärtchen können Kinder auf Entdeckungstour gehen und geheime Orte erkunden.

BERNKASTEL-KUES

 BKS
Kreis: Bernkastel-Wittlich
Bundesland: Rheinland-Pfalz

Das Spitzhäuschen ist ein 1416 erbautes Fachwerkhaus in Bernkastel-Kues, welches vor allem durch seine außergewöhnliche Bauart auffällt. Das Häuschen wird auf engstem Raum nach oben hin größer bzw. breiter.

BAD BERLEBURG

 BLB
Kreis: Siegen-Wittgenstein
Bundesland: Nordrhein-Westfalen

Die 435 m lange und 20 m hohe Panorama Erlebnis Brücke in Winterberg ist einmalig in ihrer Art. Denn statt das Panorama nur von oben zu genießen, kann man auch sich selbst in atemberaubender Höhe entlang hangeln.

BERGHEIM

 BM
Kreis: Rhein-Erft-Kreis
Bundesland: Nordrhein-Westfalen

Schloss Augustusburg zählt zu den bedeutendsten Schöpfungen des Rokoko und Barocks in Deutschland. Das Schloss wird von einem Park umringt. Die Räume des Schlosses sind prunkvoll ausgestattet und können besichtigt werden.

BALINGEN

 BL
Kreis: Zollernalbkreis
Bundesland: Baden-Württemberg

Die Burg Hohenzollern ist eine der beeindruckendsten Burganlagen Deutschlands. Neben prunkvollen Sälen und dem Königssaal ist vor allem auch die Waffenkammer sehenswert. Hier wird der Waffenrock von Friedrich dem Großen ausgestellt.

BURGENLANDKREIS

 BLK
Kreis: Burgenlandkreis
Bundesland: Sachsen-Anhalt

Eines der ältesten erhaltenen Häuser in Deutschland steht in Bad Kösen. Es beherbergt ein Museum, in dem auch Puppen von Käthe Kruse ausgestellt sind. Die berühmte Puppenmacherin begann hier ihre Puppenproduktion.

BONN

 BN
Stadt Bonn
Bundesland: Nordrhein-Westfalen

Die Drachenfelsbahn ist die älteste noch betriebene Zahnradbahn in Deutschland. Sie überwindet 1520 m Strecke und 220 Höhenmeter. Die Drachenfelsbahn ist eine der meistgenutzten Zahnradbahnen Europas.

BORNA

 Kreis: Leipzig
Bundesland: Sachsen

Die Emmauskirche stand früher in Heuersdorf, einem Dorf etwa 12 km von Borna
entfernt. Dort musste sie allerdings dem
Braunkohle-Tagebau weichen und so
wurde sie in einer spektakulären Aktion
von Heuersdorf nach Borna transportiert.

BÖRDE

 Kreis: Börde
Bundesland: Sachsen-Anhalt

Der Elbauenpark mit Jahrtausendturm ist
unbedingt einen Besuch wert. Der Jahrtausendturm ist 60 m hoch. Außerdem
gibt es eine Sommerrodelbahn, einen
Irrgarten, einen Kletterpark, ein Schmet-
terlingshaus und 14 Themengärten.

BORKEN

 Kreis: Borken
Bundesland: Nordrhein-Westfalen

Die Entstehungsgeschichte der Wasserburg
in Gemen liegt im Dunkeln und niemand
weiß, wer die Wasserburg errichtet hat.
Um 1500 soll eine Frau namens Cordula
gelebt haben, deren Geist nun noch auf
der Burg durch die Räume spukt.

BOCHUM

 Stadt Bochum
Bundesland: Nordrhein-Westfalen

Die Sternwarte Bochum-Sundern hat eine
weit sichtbare 40 m hohe Kuppel, weshalb sie zu einem Wahrzeichen Bochums
wurde. Die Sternwarte besitzt außerdem
eine 20 m hohe Parabolantenne, die
Signale aus dem Weltall empfängt.

BOCHOLT

 Kreis: Borken
Bundesland: Nordrhein-Westfalen

Der Anlass für die Erstellung des Europa-
Brunnens in Bocholt war die Verleihung
des Titels „Gemeinde Europas". Es wurden
die Weltkugel, die Erdscheibe und der
Sonnenring symbolisiert.

BOTTROP

Stadt Bottrop
Bundesland: Nordrhein-Westfalen

In Bottrop gibt es ein interaktives Gru-
sel-Theater, das alle Geisterfans aus
der Region anzieht. Das Grusellabyrinth
ist ein Erlebnisrestaurant, in dem die
verschiedensten Veranstaltungen stattfinden.

BRAKE

 BRA — Kreis: Wesermarsch
Bundesland: Niedersachsen

Der Telegraph ist das Wahrzeichen von Brake. Das Backsteingebäude wurde 1846 erbaut und diente zum Empfang und zur Weitergabe von Schiffsnachrichten. Heute befindet sich dort das Schifffahrtsmuseum mit einer großen Sammlung an Exponaten.

BRANDENBURG

 BRB — Stadt Brandenburg an der Havel
Bundesland: Brandenburg

Wer in den Wilden Westen möchte, fährt am besten nach Templin. Im El Dorado wird ein großes Programm für Western-fans angeboten. Im Themenpark kann man Ponyreiten, Quad und Postkutsche fahren oder Bogenschießen.

BURG (BEI MAGDEBURG)

 BRG — Kreis: Jerichower Land
Bundesland: Sachsen-Anhalt

Der Hexenturm erhielt seinen Namen zur Zeit der Hexenverfolgung, denn dort wurden die vermeintlichen Hexen eingesperrt. Der Turm hat ein 6 m tiefes Verlies, das ab dem 17. Jahrhundert der Inhaftierung der Frauen diente.

BRAUNLAGE

 BRL — Kreis: Goslar
Bundesland: Niedersachsen

Der Adventure Golfpark ist ein Vergnügen für die ganze Familie. In 14 Bahnen spielt man über Stock und Stein sowie über Teiche und Bachläufe. Nachdem man alle Bahnen gespielt hat, kann man sich eine Brotzeit schmecken lassen.

BAD BRÜCKENAU

 BRK — Kreis: Bad Kissingen
Bundesland: Bayern

1817 fuhr der Erfinder Karl Freiherr von Drais mit einer hölzernen Laufmaschine von Mannheim aufs Land. Damit begann das Zeitalter des Zweirads. Im Deutschen Fahrradmuseum in Bad Brückenau kann man insgesamt 230 Fahrzeuge bestaunen.

BREMERVÖRDE

 BRV — Kreis: Rotenburg (Wümme)
Bundesland: Niedersachsen

Im Natur- und Erlebnispark gibt es verschiedene Themengärten, eine Welt der Sinne und einen Apothekergarten mit einheimischen Arzneipflanzen. Im Café Dunkel kann man in völliger Dunkelheit Kakao und Kuchen genießen.

BRAUNSCHWEIG

 BS
Stadt Braunschweig
Bundesland: Niedersachsen

Das „Happy Rizzi House" wurde zu einem der 100 schönsten Bauwerke Deutschlands gewählt. Das Gebäude ist mit Pop-Art gestaltet, also mit vielen bunten Farben. Das häufigste Motiv an der Fassade sind fröhliche, lachende Gesichter.

BAYREUTH

 BT
Kreis: Bayreuth
Bundesland: Bayern

Im Richard-Wagner-Festspielhaus finden im Sommer die Bayreuther Festspiele statt. Entworfen wurde das Festspielhaus nach den Entwürfen von Richard Wagner. Das Geheimnis des Bayreuther Festspielhauses ist seine hervorragende Akustik.

BITTERFELD

 BTF
Kreis: Anhalt-Bitterfeld
Bundesland: Sachsen-Anhalt

Der Bitterfelder Bogen ist das Wahrzeichen von Bitterfeld. Die Stahl-Bogenbrücke ist 81 m lang, 14 m breit und besitzt eine Höhe von 28 m. Vom Aussichtspunkt auf dem Bogen hat man einen wunderbaren Ausblick auf die Region.

BÜDINGEN

 BÜD
Kreis: Wetteraukreis
Bundesland: Hessen

In Büdingen gibt es ein 50er-Jahre-Museum, das den Besucher in das vergangene Jahrzehnt zurückversetzt. Es gibt viel zu entdecken, wie z. B. einen Tante-Emma-Laden, eine originalgetreue Milchbar sowie ein Radio- und Friseurgeschäft.

BURGLENGENFELD

 BUL
Kreis: Amberg-Sulzbach, Schwandorf
Bundesland: Bayern

In Burglengenfeld gibt es ein tolles Ausflugsziel, das „Grüne Klassenzimmer". Mitten im Wald hängen ein überdimensionaler Laptop und zwei riesige Smartphones, die aus heimischem Holz gefertigt wurden.

BÜREN

 BÜR
Kreis: Paderborn
Bundesland: Nordrhein-Westfalen

Die Mittelmühle in Büren ist ein Museum zum Anfassen für Groß und Klein. Bis heute ist die Mühleneinrichtung vollständig erhalten, sodass den Besuchern sogar noch Mahlvorgänge demonstriert werden können.

BÜSINGEN

 BÜS
Kreis: Konstanz
Bundesland: Baden-Württemberg

Büsingen am Hochrhein ist eine von zwei Enklaven innerhalb des Schweizer Staatsgebiets. Der Ort ist gänzlich vom Schweizer Staatsgebiet umgeben, gehört aber zu Deutschland. Büsingen unterliegt trotzdem dem Schweizer Zollrecht.

BAUTZEN

 BZ
Kreis: Bautzen
Bundesland: Sachsen

Bautzen wird auch als die Stadt der Türme bezeichnet. Wenn man schon in der Stadt der Türme unterwegs ist, sollte man auf einen hinauf gehen. Es empfiehlt sich der Reichenturm, da man von hier einen wunderschönen Ausblick über die Altstadt hat.

BÜTZOW

 BÜZ
Kreis: Rostock
Bundesland: Meckl.-Vorpomm.

Die Idee, die Altstadt von Bützow nachzubauen, kam aus Dänemark. 240 Häuser sollten originalgetreu im Maßstab 1:10 nachgebaut werden. Wenn man durch die „Miniaturstadt" Bützow geht, fühlt man sich wie ein Riese im Land der Zwerge.

CHEMNITZ

 C
Stadt Chemnitz
Bundesland: Sachsen

Das heimliche Wahrzeichen von Chemnitz ist die Porträtbüste von Karl Marx. Der Philosoph war Namenspatron für die Stadt Chemnitz. Das Karl-Marx-Monument wurde aus Bronze gegossen, weshalb es auch stolze 40 Tonnen wiegt.

CALAU

 CA
Kreis: Oberspreewald-Lausitz
Bundesland: Brandenburg

Calau gilt als Geburtsstadt des sogenannten „Kalauers". Auf dem Witzerundweg sind Tafeln angebracht, die neben Informationen zur Stadtgeschichte natürlich auch mit echten Kalauern, also Witzen mit Doppeldeutigkeiten, gespickt sind.

CASTROP-RAUXEL

 CAS
Kreis: Recklinghausen
Bundesland: Nordrhein-Westfalen

Mit der großen Sonnenuhr auf der Halde Schwerin lässt sich die Uhrzeit exakt bestimmen. Der Schattenwurf des Polstabs zeigt naturbedingt aber meistens nicht das an, was die Armbanduhr anzeigt, sondern nur eine grobe Orientierung.

COTTBUS

 Stadt Cottbus
Bundesland: Brandenburg

Die Kuppel des Raumflugplanetariums „Juri Gagarin" bietet 91 Besuchern Platz. Das Planetarium kann den Sternenhimmel in einer realitätsgetreuen Darstellung präsentieren, unabhängig von Tages- und Jahreszeit und der Wetterlage.

CELLE

 Kreis: Celle
Bundesland: Niedersachsen

Das Hoppener Haus ist zweifellos das prächtigste Fachwerkhaus in Celle. Seine sechs Geschosse kragen im Giebel übereinander. Gezeigt werden Figuren-ornamente von närrischen Gestalten, Fabelwesen, Fratzen und Reptilien.

CHAM

 Kreis: Cham
Bundesland: Bayern

Die Burg Runding wurde durch die Hussiten-einfälle geplündert. Später erwarb ein Bauer die Burg, er konnte aber die Steuern für die Burg nicht bezahlen, da diese nach der Fläche berechnet wurden, und ließ deshalb die Dächer abnehmen.

CLAUSTHAL-ZELLERFELD

 Kreis: Goslar
Bundesland: Niedersachsen

2018 wurden Arnd Peiffer die Ehrenbür-gerrechte in Clausthal-Zellerfeld verliehen. Bei den olympischen Winterspielen 2018 gewann er die Goldmedaille in der Sprint-Disziplin des Biathlons.

CLOPPENBURG

 Kreis: Cloppenburg
Bundesland: Niedersachsen

Im Museumsdorf Cloppenburg können viele Kuriositäten besichtigt werden. Das Dorf besteht aus mehr als 50 Gebäuden, die einen Einblick in die Lebens- und Arbeitsbedingungen vom 16. Jahrhundert bis in die Gegenwart geben.

COBURG

 Kreis: Coburg
Bundesland: Bayern

Zahlreiche Elemente laden im Coburger Puppenmuseum zum Spielen und Mit-machen ein. Man kann besondere Puppen, wie Teepuppen, Miniaturporzellan, Auto-maten und Künstlerpuppen bestaunen.

COCHEM

 Kreis: Cochem-Zell
Bundesland: Rheinland-Pfalz

Die historische Senfmühle in Cochem ist fast 200 Jahre alt. Man kann den Vorgang des Senfmahlens erleben und erschmecken, denn zahlreiche verschiedene Senfsorten laden die Besucher zum Kosten ein.

CRAILSHEIM

 Kreis: Schwäbisch-Hall
Bundesland: Baden-Württemberg

Die Frauen backten Horaffen und bewarfen damit ihre Feinde. Die Belagerer erkannten, dass es aussichtslos war, die Stadt auszuhungern und zogen ab. So sind die traditionellen Horaffen entstanden, die bis heute noch ein beliebtes Gebäck sind.

CALW

 Kreis: Calw
Bundesland: Baden-Württemberg

Die Stadt Calw wird auch als Hermann-Hesse-Stadt bezeichnet. Dies zeigt, wie stolz die Stadt auf ihren berühmten Bewohner bis heute ist. Hermann Hesse war ein bekannter Dichter und Literat, der 1877 in Calw geboren wurde.

COESFELD

 Kreis: Coesfeld
Bundesland: Nordrhein-Westfalen

Seit 1996 gibt es das Glasmuseum im Alten Hof Herding in Coesfeld-Lette. In diesem Museum kann man die Entwicklung und die künstlerische Gestaltung von Glas, auch in Verbindung mit anderen Werkstoffen, bestaunen.

CUXHAVEN

 Stadt Cuxhaven
Bundesland: Niedersachsen

Die Kugelbake ist eines der Wahrzeichen von Cuxhaven. Vermutlich wurde sie zu Beginn des 18. Jahrhunderts aus Holz erbaut. Sie diente als Seezeichen. Seit 2002 steht das historische Wahrzeichen unter Denkmalschutz.

DÜSSELDORF

 Stadt Düsseldorf
Bundesland: Nordrhein-Westfalen

Die Königsallee, auch „Kö" genannt, ist knapp einen Kilometer lang. Es gibt sie bereits seit 200 Jahren und sie ist an der östlichen Stadtgrenze der Stadt angelegt. Heute gilt sie als Shopping-Meile der Superreichen.

DARMSTADT

 DA Kreis/Stadt: Darmstadt-Dieburg
Bundesland: Hessen

Das Heinerfest ist ein sehr beliebtes Innenstadtfest für Groß und Klein. Das Fest findet fünf Tage im Juli statt. Der Name Heinerfest wurde von dem Spitznamen „Heiner" abgeleitet, denn so wird auch die Darmstädter Bevölkerung genannt.

DANNENBERG

 DAN Kreis: Lüchow-Dannenberg
Bundesland: Niedersachsen

Der Waldemarturm ist der einzige Überrest einer mittelalterlichen Burg. Der Turm ist 33 m hoch und diente als Wehr-, Schloss- und Gefängnisturm. Auf mehreren Ausstellungsebenen können Besucher Wissenswertes über Dannenberg erfahren.

BAD DOBERAN

 DBR Kreis: Rostock
Bundesland: Meckl.-Vorpomm.

Die Mecklenburgische Bäderbahn „Molli" zählt zu den ältesten Schmalspurbahnen der Welt. Molli fährt von Kühlungsborn West nach Bad Doberan und ist das älteste Verkehrsmittel in Mecklenburg-Vorpommern.

DACHAU

 DAH Kreis: Dachau
Bundesland: Bayern

Der „Weg des Erinnerns" verläuft vom Dachauer Bahnhof bis zum Besucherzentrum der KZ-Gedenkstätte Dachau. Entlang der 3 km langen Strecke wurden zwölf Infotafeln aufgestellt, die an die Bedeutung des Weges erinnern.

DAUN

 DAU Kreis: Vulkaneifel
Bundesland: Rheinland-Pfalz

Daun ist umgeben von den „Drei Eifeler Augen". So werden die Mare auch genannt, die sich südlich der Eifelstadt Daun befinden und seit 1984 unter Naturschutz stehen.

DRESDEN

 DD Stadt Dresden
Bundesland: Sachsen

Die Dresdner Frauenkirche ist weit über Dresden hinaus bekannt. Während des Zweiten Weltkrieges wurde sie durch die Luftangriffe stark beschädigt, sodass sie einstürzte. Heute ist die Kirche wieder aufgebaut.

DESSAU

DE Stadt Dessau-Roßlau
Bundesland: Sachsen-Anhalt

Der Wörlitzer Park ist eine der Haupt-
attraktionen neben mehreren Schloss- und
Parkanlagen. Der Garten ist nicht nur eine
beeindruckende Phantasiewelt, sondern
auch der älteste Landschaftspark Mitteleuropas.

DELMENHORST

DEL Stadt Delmenhorst
Bundesland: Niedersachsen

Wer einen schönen Ausflug durch die
Landschaft machen möchte, kann mit der
Museumseisenbahn Jan Harpstedt von
Delmenhorst nach Harpstedt fahren. Die
Fahrt dauert ca. eine Stunde und ist ein
Vergnügen für die ganze Familie.

DIEPHOLZ

DH Kreis: Diepholz
Bundesland: Niedersachsen

Der Dümmer See ist Teil des National-
parks Dümmer und bietet Badespaß für
Groß und Klein. Auch Wassersportler kommen hier auf ihre Kosten. Das Highlight
sind die goldgelben Sandstrände, die das
Ostufer des Dümmer einrahmen.

DEGGENDORF

DEG Kreis: Deggendorf
Bundesland: Bayern

Das Gut Eiderbichl befindet sich in dem
idyllischen Ort Eichberg. Hier werden viele
Tiere beherbergt, die aus aussichtslosen
Lebensumständen gerettet wurden. Bei
Führungen wird das Leben der Tiere den
Besuchern nahegebracht.

DINGOLFING

DGF Kreis: Dingolfing-Landau
Bundesland: Bayern

Das BMW Museum dokumentiert die Erfolgs-
geschichte der Firma Glas. Die BMW AG
übernahm die Firma in den 70er-Jahren
und so entstand eine der modernsten Auto-
mobilfabriken. Dingolfing ist heute noch
der zweitgrößte Produktionsstandort.

DIEBURG

DI Kreis: Darmstadt-Dieburg
Bundesland: Hessen

In Dieburg gibt es eines der wenigen noch
erhaltenen Badehäuser in Deutschland. In
die Badehäuser sind im Mittelalter Bürger
gegangen, deren Häuser selbst keine
Badevorrichtung besaßen. Weitere Räume
dienten der medizinischen Behandlung.

DILLENBURG

 DIL
Kreis: Lahn-Dill-Kreis
Bundesland: Hessen

Im Schoggi-Erlebnis Dillenburg kann man den Weg von der Kakaobohne bis zur fertigen Schokolade verfolgen. Das Highlight ist eine Kostprobe am Schokobrunnen. Der Hauptstandort des Familienunternehmens Läderach ist in der Schweiz.

DIEZ

 DIZ
Kreis: Rhein-Lahn-Kreis
Bundesland: Rheinland-Pfalz

Aus Diez stammt der deutsche Nationalspieler Roman Weidenfeller. 16 Jahre lang stand er bei dem Bundesligisten Borussia Dortmund unter Vertrag und 2014 wurde er mit der deutschen Nationalmannschaft in Brasilien Weltmeister.

DÖBELN

 DL
Kreis: Mittelsachsen
Bundesland: Sachsen

Der Döbelner Riesenstiefel wurde 1925 zum 600-jährigen Jubiläum der Schuhmacherinnung angefertigt. Ausgestellt ist der Riesenstiefel im Großen Sitzungssaal des Döbelner Rathauses. Seitdem gilt er auch als Wahrzeichen der Stadt.

DINSLAKEN

 DIN
Kreis: Wesel
Bundesland: Nordrhein-Westfalen

Die Trabrennbahn Dinslaken ist Deutschlands einzige Halbmeilen-Trabrennbahn und mit ihren 800 m auch die kürzeste. Die Rennbahn ist wegen ihrer einzigartigen Atmosphäre bei den Besuchern besonders beliebt.

DINKELSBÜHL

 DKB
Kreis: Ansbach
Bundesland: Bayern

Der Bäuerlinsturm ist das Wahrzeichen von Dinkelsbühl. Der Turm steht am Wörnitzufer und besitzt ein auffälliges Satteldach, welches ihn auszeichnet. Seinen Namen hat der Turm dem Turmwächter und Gerber Hans Bäuerlin zu verdanken.

DILLINGEN

 DLG
Kreis: Dillingen an der Donau
Bundesland: Bayern

Der achteckige Turm des Schlosses Dillingen ist das Wahrzeichen von Dillingen. Früher war das Schloss eine Burg, die erstmals 1220 erwähnt wurde. Ein Spaziergang durch den schönen Schlossgarten lohnt sich.

DEMMIN

 Kreis: Mecklenburg. Seenplatte
Bundesland: Meckl.-Vorpomm.

In der St.-Bartholomaei-Kirche in Demmin steht die größte in Deutschland erhaltene Orgel aus der Werkstatt Barnim Grünebergs. Die Buchholz-Grüneberg-Orgel besitzt 52 Register und einen romantischen Klangcharakter.

DORTMUND

 Stadt Dortmund
Bundesland: Nordrhein-Westfalen

Das größte Fußballstadion Deutschlands befindet sich in Dortmund. Der Signal Iduna Park hat für 81 365 Zuschauer Platz. Der Austragungsort von Bundesliga- und DFB-Pokal-Spielen ist außerdem das Wahrzeichen der Stadt Dortmund.

DUISBURG

 Stadt Duisburg
Bundesland: Nordrhein-Westfalen

Das riesige Kunstwerk Tiger & Turtle wurde 2011 im Angerpark in Duisburg aufgestellt. Die komplette Skulptur ist begehbar, mit Ausnahme des Loopings. Das Kunstwerk wurde zum Wahrzeichen der Stadt.

DÜREN

 Kreis: Düren
Bundesland: Nordrhein-Westfalen

Im Papiermuseum Düren werden sowohl die traditionellen als auch die industriellen Formen der Papierherstellung präsentiert. Die Besucher bekommen den Weg von Papyrus über Pergament bis zum Material Papier anschaulich erklärt.

DONAUWÖRTH

 Kreis: Donau-Ries
Bundesland: Bayern

Die Burg Mangoldstein war einst der Stammsitz der Edelfreien von Werd. Von hier aus wurde der Donauübergang bewacht. Heute ist nur noch der „Mangoldfelsen" zu sehen, an dem sich eine Freilichtbühne befindet.

DUDERSTADT

 Kreis: Göttingen
Bundesland: Niedersachsen

In dem Tabalugahaus können geistig und körperlich beeinträchtigte Kinder Kraft tanken. Verschiedene Natur- und Erlebnisprogramme geben den Kindern neues Selbstbewusstsein und sollen ihnen eine positive Lebenseinstellung vermitteln.

BAD DÜRKHEIM

 DÜW
Kreis: Bad Dürkheim
Bundesland: Rheinland-Pfalz

In Bad Dürkheim steht das originellste und größte Denkmal des deutschen Weines, das „Riesenfass". Das Fass hat eine Länge von 9 m und einen Durchmesser von 7 m. Sein „Heidelberger Bruder" war schon einmal gefüllt, das „Riesenfass" nicht.

DELITZSCH

 DZ
Kreis: Nordsachsen
Bundesland: Sachsen

Das Barockschloss Delitzsch ist eines der ältesten Barockschlösser in Sachsen. Heute befindet sich dort ein Schlossmuseum mit originell eingerichteten Prunkräumen, einer Schlossküche und einer Ausstellung zur Stadtgeschichte.

EISENACH

 EA
Stadt Eisenach
Bundesland: Thüringen

Am Eisenacher Johannisplatz befindet sich das wahrscheinlich schmalste bewohnte Fachwerkhaus Deutschlands. Das Haus ist 2,05 m breit und besitzt zwei Stockwerke. Heute beeindruckt das Haus mit seiner liebevoll sanierten Fachwerkfassade.

DIPPOLDISWALDE

 DW
Kreis: Säch. Schweiz-Ostererzgeb.
Bundesland: Sachsen

Der Sage nach hat ein Abkomme des Geschlechts der Dippoldicz als Einsiedler in der Dippoldiswalder Heide gelebt. Nach seinem Tod wurde er vom Papst heilig-gesprochen und in das Stadtwappen von Dippoldiswalde aufgenommen.

ESSEN

 E
Stadt Essen
Bundesland: Nordrhein-Westfalen

Die Zeche Zollverein war früher ein aktives Steinkohlebergwerk in Essen. Besonders beliebt sind die Familienführungen: Dabei muss die Familie zusammenarbeiten und am Ende gewinnt die Familie mit der meisten Kohle.

EILENBURG

 EB
Kreis: Nordsachsen
Bundesland: Sachsen

Der berühmteste Bewohner von Eilenburg ist wahrscheinlich „Heinz Elmann". Das Stadtmaskottchen ist eines der berühmten Heinzelmännchen. Die Stadt nutzt die Sage der Heinzelmännchen verstärkt für das Stadtmarketing.

EBERSBERG

 EBE — Kreis: Ebersberg
Bundesland: Bayern

Einer der schönsten Aussichtspunkte befindet sich auf der Ludwigshöhe. Der dort stehende Aussichtsturm bietet einen wunderschönen Ausblick über den Ebersberger Forst. Außerdem hat man einen überwältigenden Blick auf das Alpenpanorama.

EBERMANNSTADT

 EBS — Kreis: Bayreuth, Forchheim, Kulmbach
Bundesland: Bayern

Durch die Lage von Ebermannstadt nennt sich die Stadt selbst „das Herz der Fränkischen Schweiz" und ist das Eingangstor zu selbiger. Viel zu entdecken gibt es hier für Jung und Alt in Museen oder bei einer Fahrt mit der Dampfbahn.

ERDING

 ED — Kreis: Erding
Bundesland: Bayern

Als das amerikanische Ölunternehmen Texaco in Erding nach Öl suchte, fanden sie schwefelhaltiges Wasser. Daraufhin wurde die Therme Erding gebaut. Heute ist sie die größte Therme Europas mit 20 Rutschen, 26 Saunen und 31 Wasserbecken.

EBERN

 EBN — Kreis: Haßberge
Bundesland: Bayern

In Ebern standen früher acht Türme um die Stadtmauer herum angeordnet. Mit dem Kirchturm als „Königskegel" in der Mitte ergab es somit ein Kegelspiel mit neun Kegeln. Heute sind nur noch sechs Türme des Kegelspiels erhalten.

ECKERNFÖRDE

 ECK — Stadt Rendsburg-Eckernförde
Bundesland: Schleswig-Holstein

Einmal im Monat verwandelt sich der Hafen in Eckernförde in ein buntes Treiben, denn dann bieten Fischer allerhand Fangfrisches aus der Ostsee an. An zahlreichen Ständen entlang der Hafenpromenade kann man schlemmen und verweilen.

ELBE-ELSTER

 EE — Kreis: Elbe, Elster
Bundesland: Brandenburg

Im Tierpark Finsterwalde kann man Tiere aus fünf Kontinenten entdecken und bestaunen. Derzeit sollen es ca. 200 Tiere sein, die im Tierpark ein Zuhause gefunden haben. Der Tierpark befindet sich im Süden Brandenburgs.

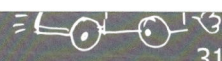

ERFURT

 EF

Stadt Erfurt
Bundesland: Thüringen

Die Krämerbrücke ist eines der Wahrzeichen von Erfurt. Sie ist so interessant, da sie die längste durchgehend mit Häusern bebaute und bewohnte Brücke Europas ist. Die Brücke ist 120 m lang und mit 32 Häusern bebaut.

EICHSTÄTT

 EI

Kreis: Eichstätt
Bundesland: Bayern

Der Naturpark Altmühltal erstreckt sich zum Großteil im Landkreis Eichstätt. Im Park gibt es viel zu unternehmen, vom Wandern, übers Radfahren bis zum Klettern. Außerdem kann man in Besuchersteinbrüchen selbst nach Fossilien graben.

EISLEBEN

 EIL

Kreis: Mansfeld-Südharz
Bundesland: Sachsen-Anhalt

Die Stadt Eisleben wird oft auch „Lutherstadt" genannt, denn sie ist die Heimat des Theologen Martin Luther. Bei einer Stadtführung kann man Luthers Geburts- und Sterbehaus sowie die Taufkirche besichtigen.

EGGENFELDEN

 EG

Kreis: Rottal-Inn
Bundesland: Bayern

Eggenfelden ist die größte Stadt im niederbayrischen Landkreis Rottal-Inn, wenn man dies an der Einwohnerzahl misst. 1902 erhielt Eggenfelden den Status einer Stadt und gilt nun als wirtschaftliches Zentrum des Landkreises.

EICHSFELD

 EIC

Kreis: Eichsfeld
Bundesland: Thüringen

In Eichsfeld gibt es viel zu entdecken. Im Bärenpark Wörbis leben neben zahlreichen Bären auch einige Wölfe. Einen Besuch wert sind auch der Baumkronenpfad Hainich, der Erlebnispark Ziegenhagen und die Stadt Heilbad Heiligenstadt.

EINBECK

 EIN

Kreis: Nordheim
Bundesland: Niedersachsen

Im Zentrum von Einbeck kann man 400 farbenprächtige, restaurierte und reich verzierte Fachwerkhäuser bestaunen, die von dem ehemaligen Reichtum Einbecks zeugen. Die vielen Fachwerkhäuser kennzeichnen die ehemalige Hansestadt.

EISENBERG

 EIS Kreis: Saale-Holzland-Kreis
Bundesland: Thüringen

Der Tiergarten Eisenberg beherbergt
ca. 720 Tiere 44 verschiedener Arten.
In begehbaren Gehegen ist das Füttern
und Streicheln ausdrücklich erlaubt und
an Ostersonntag versteckt der Osterhase
für alle Tiergartenbesucher Ostereier.

EMMENDINGEN

 EM Kreis: Emmendingen
Bundesland: Baden-Württemberg

In Emmendingen steht der höchste Aussichtsturm Deutschlands, der Eichberg-
turm. Er ist bis zur Turmspitze 53,20 m
hoch und die geographische Mitte des
Landkreises Emmendingen.

EMS

 EMS Kreis: Rhein-Land-Kreis
Bundesland: Rheinland-Pfalz

Der Naturpark Nassau bietet Kurz- sowie
auch Langzeiturlaubern eine besondere Erholung, durch die ursprüngliche Erhaltung
der Landschaft. Der Naturpark verfügt über
viele Wanderwege, auf denen man der
Natur ein Stück näher kommen kann.

EMSLAND

 EL Kreis: Emsland
Bundesland: Niedersachsen

Wer schon immer mal wissen wollte, wie
Papier hergestellt wird, sollte auf jeden
Fall einmal das Papiermuseum Dörpen
besuchen. Hier erfährt man alles über das
Papier und wie die Wasserzeichen hinein-
kommen.

EMDEN

 EMD Kreis: Emden
Bundesland: Niedersachsen

Otto Waalkes, dem bekanntesten Sohn
der Stadt, ist ein eigenes Haus gewidmet:
Dat Otto Huus. Es ist ein Museum, in
dem man lachen kann und sogar muss.
Hier sind auch Ottos berühmte Ottifanten
ausgestellt.

ENNEPE

 EN Kreis: Ennepe-Ruhr-Kreis
Bundesland: Nordrhein-Westfalen

Die Kluterthöhle wird auch oft als „längstes
Behandlungszimmer der Welt" bezeichnet,
da sie ein gleichmäßiges feuchtkühles
Klima besitzt und somit bei verschiedenen
Atemwegserkrankungen helfen kann.

ERBACH

 ERB Kreis: Odenwaldkreis
Bundesland: Hessen

In der letzten Juli-Woche startet alljährlich das größte Volksfest in Südhessen: der Erbacher Wiesenmarkt. Hier gibt es für große und kleine Besucher alles, was das Herz begehrt, vom Riesenrad bis zu Verkaufsständen.

ERKELENZ

 ERK Kreis: Heinsberg
Bundesland: Nordrhein-Westfalen

Der deutsche Fußballspieler Lewis Harry Holtby wurde in Erkelenz geboren. Seit 2014 steht er beim Hamburger SV unter Vertrag und wird öfter zu Länderspielen der deutschen Nationalmannschaft berufen.

ESSLINGEN

 ES Kreis: Esslingen
Bundesland: Baden-Württemberg

Die Esslinger Burg wird im Sommer oft für Open-Air-Veranstaltungen genutzt. In unmittelbarer Nähe zu der Burg befindet sich der sogenannte „Dicke Turm", der auch das Wahrzeichen von Esslingen ist.

ERLANGEN

 ERH Stadt Erlangen-Höchstadt
Bundesland: Bayern

In dem Botanischen Garten der Universität Erlangen-Nürnberg werden Pflanzen unterschiedlichster Vegetationszonen präsentiert. Im Gewürzgarten wachsen teilweise sehr alte Pflanzen, weshalb er auch als ein besonderer Anziehungspunkt gilt.

ERZGEBIRGE

 ERZ Kreis: Erzgebirgskreis
Bundesland: Sachsen

Das Jagdschloss Augustusburg beherbergt ein Motorradmuseum, ein Kutschenmuseum und ein Museum für Jagdtier- und Vogelkunde. Der schlosseigene Falkenhof zeigt spannende Flugvorführungen.

ESCHENBACH/OBERPFALZ

 ESB Kreis: Amberg-Sulzbach, Bayreuth, Neustadt a. d. Waldnaab, Nürnberger Land | Bundesland: Bayern

Eschenbach hat eine Webcam installiert, um ein Fischadlerpärchen in seinem Horst zu beobachten. Der Fischadlerbestand ist in Bayern in den letzten Jahren immer kleiner geworden, deswegen werden die Adler jetzt beobachtet.

ESCHWEGE

 ESW Kreis: Werra-Meißner-Kreis
Bundesland: Hessen

Der Bismarckturm in Eschwege ist zu Ehren des Fürsten Otto von Bismarck errichtet worden. Der Turm befindet sich auf dem Leuchtberg und wer den Aufstieg auf den Turm wagt, wird mit einer unglaublichen Aussicht auf Eschwege belohnt.

EBERSWALDE

 EW Kreis: Barnim
Bundesland: Brandenburg

Der große Familiengarten Eberswalde bietet viel Platz für Erholung, Bewegung und Spaß. Mit dem Tretboot kann man durch die unterirdischen Industriekanäle fahren und auf dem Grillplatz den Tag dann gemütlich ausklingen lassen.

FRIEDBERG

 FB Kreis: Wetteraukreis
Bundesland: Hessen

Einige Fußgängerampeln in Friedberg zeigen Silhouetten des 1977 gestorbenen „King of Rock 'n' Roll", Elvis Presley. Das rote Licht zeigt Elvis am Mikrofon stehend und das grüne zeigt ihn bei seinem berühmten Hüftschwung.

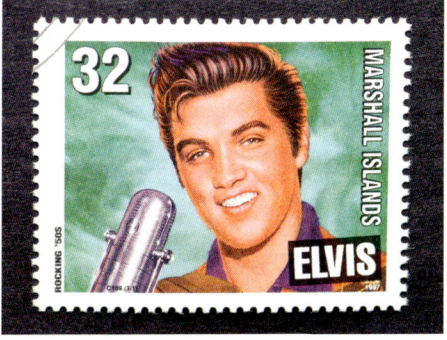

EUSKIRCHEN

 EU Kreis: Euskirchen
Bundesland: Nordrhein-Westfalen

Das Wahrzeichen von Euskirchen ist die St. Martinskirche. Sie wurde bereits um 800 erbaut und im Laufe der Jahre dann stetig erweitert. Sie zählt nicht nur zu den schönsten, sondern auch zu den ältesten Kirchen im Rheinland.

FRANKFURT AM MAIN

 F Stadt Frankfurt am Main
Bundesland: Hessen

An dem Römerberg kommen Menschen aus Frankfurt und aller Welt zusammen. Der Römerberg wurde früher Samstagsberg genannt und ist seit dem 9. Jahrhundert Schauplatz für Märkte, Feste, Messen und Turniere.

FULDA

 FD Kreis: Fulda
Bundesland: Hessen

Auf der Wasserkuppe, dem höchsten Berg der Rhön und gleichzeitig dem höchsten Berg in Hessen, gibt es viel zu erleben. Man kann viele Segelflieger und Modellflieger bestaunen oder sich auf der Sommerrodelbahn vergnügen.

FRIEDBERG

 FDB Kreis: Aichach-Friedberg
Bundesland: Bayern

Auf einer Wiese vor Schloss Scherneck findet alljährlich ein Ritterturnier statt. Auch ein Hochseilgarten und ein Soccer-park sind hier beliebte Ausflugsziele für die ganze Familie.

FREUDENSTADT

 FDS Stadt Freudenstadt
Bundesland: Baden-Württemberg

Die Teddy-Oldiethek befindet sich im Kurgarten von Freudenstadt. Das etwas andere Museum ist besonders für kleine Besucher interessant, denn es gibt hier ca. 1500 Teddybären, die alle darauf war-ten, gestreichelt und geknuddelt zu werden.

FEUCHTWANGEN

 FEU Kreis: Ansbach
Bundesland: Bayern

Gegründet wurde Feuchtwangen laut einer Sage von Karl dem Großen. Auf der Jagd von Durst geplagt, soll ihm eine Taube den Weg zur Quelle eines Brunnens gewiesen haben, in dessen Nähe er ein Kloster bauen ließ, was ihn zum Stadtgründer machte.

FRANKFURT (ODER)

 FF Stadt Frankfurt (Oder)
Bundesland: Brandenburg

Der bei Frankfurt/Oder gelegene Wildpark beherbergt über 300 Tiere, darunter Auer-ochsen, Fasane, Ponys, Schafe, Papageien und viele mehr. In einem Streichelgehege kann man einige davon sogar anfassen.

FÜRSTENFELDBRUCK

 FFB Kreis: Fürstenfeldbruck
Bundesland: Bayern

Der Landkreis Fürstenfeldbruck ist dich-ter besiedelt als die Großstadt München. Das liegt daran, dass viele Menschen in München arbeiten, sich aber dort keine Wohnung leisten können. Deshalb wohnen sie vor den Toren Münchens.

FREIBERG

 FG Kreis/Stadt: Breisgau-Hoch-schwarzwald/Freiburg
Bundesland: Sachsen

Das Freiberger Silberbergwerk ist das größte und älteste in Sachsen und zählt auch zu den größten in Europa. 8000 Tonnen Silber wurden aus dem Boden geholt und machten Freiberg so zu Deutschlands Silberstadt.

FINSTERWALDE

 FI
Kreis: Elbe-Elster
Bundesland: Brandenburg

Das Feuerwehrmuseum in Finsterwalde lockt vor allem die kleinen Besucher an. Seit 2013 kann man sich hier mit der Geschichte der Feuerwehr sowie des Feuerlöschens beschäftigen und einmal selbst Feuerwehrmann oder -frau sein.

FRANKENBERG

 FKB
Kreis: Waldeck-Frankenberg
Bundesland: Hessen

Das Tolle Haus am Edersee ist ein besonderes Haus, denn es steht mit seiner kompletten Einrichtung auf dem Kopf. Hier gibt es viel zu entdecken und dabei entstehen viele lustige und verrückte Fotos.

FLENSBURG

 FL
Stadt Flensburg
Bundesland: Schleswig-Holstein

Das Phänomenta in Flensburg verspricht Familien unvergessliche Stunden. An 150 Stationen kann man Experimente zur Sinneswahrnehmung und zu physikalischen Phänomenen machen. Riechen, sehen, hören, experimentieren ist hier die Devise.

FLÖHA

 FLÖ
Kreis: Mittelsachsen
Bundesland: Sachsen

Die „Blaue Welle" in Flöha ist eine ganz besondere Brücke. Wegen ihrer S-Form gewann sie sogar den Brückenpreis 2012 in der Kategorie Fuß- und Radwegbrücken. Mit ihrer blauen auffälligen Farbe prägt sie den neuen Bahnhofsbereich von Flöha.

FRIEDRICHSHAFEN

 FN
Kreis: Bodenseekreis
Bundesland: Baden-Württemberg

In Salem am Bodensee leben 200 Berberaffen in freier Wildbahn. Die Besucher können die Affen sogar mit speziell zubereitetem Popcorn füttern, denn die Affen sind nicht mit Gittern oder Gräben von den Besuchern abgetrennt.

FORCHHEIM

 FO
Kreis: Forchheim
Bundesland: Bayern

Der Forellenbrunnen hat eine große Bedeutung für Forchheim, denn Forchheim war schon immer in der Fischerei tätig. In den Gewässern der Wiesent ist ein großer Fischreichtum vorhanden. Auch das Stadtwappen zieren zwei Forellen.

FORST

 Kreis: Spree-Neiße
Bundesland: Brandenburg

Die Stadt Forst wird auch als Rosenstadt bezeichnet, denn im Ostdeutschen Rosengarten blühen 800 verschiedene Arten auf ca. 40 000 Rosenstöcken. Alljährlich findet hier die Krönung der Rosenkönigin statt.

FREYUNG

 Kreis: Freyung-Grafenau
Bundesland: Bayern

Der Bayrische Wald lässt sich auch aus luftiger Höhe anschauen. Der Baumwipfelpfad befindet sich 8 bis 25 m über dem Boden und ist insgesamt 1300 m lang. Ganz oben werden die Besucher mit einem fantastischen Blick belohnt.

BAD FREIENWALDE

 Kreis: Märkisch-Oderland
Bundesland: Brandenburg

In Bad Freienwalde gibt es vier Aussichtstürme. Besucher können mit einem Turmticket alle vier Türme besuchen. Außerdem wird ihnen dann ein Turm-Diplom verliehen.

FREIBURG

 Stadt Freiburg
Bundesland: Baden-Württemberg

In Freiburg gibt es viele kleine „Bächle", die durch die meisten Straßen und Gassen der Stadt fließen. Alle Bächle zusammen haben eine Länge von 15 km. Sie gelten heute sogar als Wahrzeichen von Freiburg.

FRIESLAND

 Kreis: Friesland
Bundesland: Niedersachsen

Wenn man an die Nordseeküste denkt, denkt man natürlich auch an einen schönen Strand am Meer. Den schönsten gibt es in Schillig mit weißem Sand. Hier kann man sich beim Sport auspowern oder in einem der vielen Strandkörbe erholen.

FREISING

 Kreis: Freising
Bundesland: Bayern

Schloss Hohenkammer stammt aus dem 15. Jahrhundert und wurde nach einem Brand 1648 wieder aufgebaut. Heute befinden sich dort ein Hotel und ein Schulungszentrum mit Gastronomie.

FRANKENTHAL

 FT

Stadt Frankenthal
Bundesland: Rheinland-Pfalz

Der Silbersee in der Nähe von Roxheim ist ein Baggersee, der durch den Abbau von Kies und Sand entstanden ist. Die Gesamtfläche des Sees beträgt mehr als 3 km^2. Außer Schwimmen ist dort auch Segeln und Surfen möglich.

FÜRTH

 FÜ

Kreis: Fürth
Bundesland: Bayern

Fürth wird auch als die Kleeblattstadt bezeichnet. Das Kleeblatt im Wappen soll die Dreiherrschaft von Brandenburg-Ansbach, Nürnberg und Bamberg symbolisieren ebenso wie der Dreiherrschaftbrunnen in der Fußgängerzone.

FÜRSTENWALDE

 FW

Kreis: Oder-Spree
Bundesland: Brandenburg

Ein Tag im Mitmachpark Irrlandia macht nicht nur den kleinen Besuchern Spaß. Hier kann man durch ein 2 Hektar großes Maislabyrinth irren, sich auf einer der vielen Rutschen verausgaben oder eine der erstaunlichen Strohfiguren bewundern.

FREITAL

 FTL

Kreis: Sächs. Schweiz-Osterzgeb.
Bundesland: Sachsen

Das Wahrzeichen der Stadt Freital ist das König-Albert-Denkmal. Es soll den Monarchen ehren und die Dankbarkeit der Bewohner für die Hilfeleistungen während des Hochwassers 1897 ausdrücken.

FÜSSEN

 FÜS

Kreis: Ostallgäu
Bundesland: Bayern

Das Schloss Neuschwanstein ist eines der bekanntesten Sehenswürdigkeiten Deutschlands. Gebaut wurde das Schloss von König Ludwig II. Heute besuchen jährlich etwa 1,5 Millionen Touristen das sogenannte „Märchenschloss".

FRITZLAR-HOMBERG

 FZ

Kreis: Schwalm-Eder-Kreis
Bundesland: Hessen

Im großen Wildpark von Homberg kann man die frei umherlaufenden Hirsche und Rehe bestaunen, die bis auf wenige Meter an die Besucher herankommen. Im Streichelgehege können die Tiere dann auch gestreichelt und gefüttert werden.

GERA

 G Stadt Gera
Bundesland: Hessen

Früher war der Rathausturm von Gera sogar bewohnt, denn der Turmwächter, der dort lebte, sollte die Geraer vor Feuer warnen. Heute hat man nach 163 Stufen einen wunderschönen Blick über Gera und die Umgebung.

BAD GANDERSHEIM

 GAN Kreis: Northeim
Bundesland: Niedersachsen

Das „Bad" im Namen der Stadt Bad Gandersheim bezieht sich auf das Sole-Heilbad in der Stadt. Das Heilbad bietet auch zahlreiche Schwimm- und Tauch-kurse an, unter anderem auch einen Meerjungfrauenschwimmkurs.

GLAUCHAU

 GC Kreis: Zwickau
Bundesland: Sachsen

Die große Kreisstadt Glauchau blickt auf eine fast 800-jährige Geschichte zurück. Das Wahrzeichen von Glauchau ist der Bismarckturm. Er ist der höchste heute noch existierende Bismarckturm.

GARDELEGEN

 GA Kreis: Altmarkkreis Salzwedel
Bundesland: Sachsen-Anhalt

Das Jagdschloss Letzlingen kann man heute noch so bewundern, wie es im 19. Jahrhundert aussah, denn es wurde von Grund auf saniert. Die historische „Kaiserjagd" findet alljährlich nach alter Tradition statt.

GARMISCH-PARTENKIRCHEN

 GAP Kreis: Garmisch-Partenkirchen
Bundesland: Bayern

Die Aussichtsplattform AlpspiX in Garmisch-Partenkirchen ist nichts für schwache Nerven. Oberhalb der Berg-station der Alpspitzbahn ragen zwei 13 m lange Stahlarme über dem Nichts. Am Ende steht man vor einer Glaswand.

SCHWÄBISCH-GMÜND

 GD Kreis: Ostalbkreis
Bundesland: Baden-Württemberg

Die Staufer waren ein Adelsgeschlecht, das mehrere Könige und Kaiser hervorbrachte. Die Stadt schmückt sich mit dem Titel „älteste Stauferstadt". Zum 850-jährigen Bestehen der Stadt wurde ein Stauferfest gefeiert.

GADEBUSCH

 GDB Kreis: Nordwestmecklenburg
Bundesland: Meckl.-Vorpomm.

Wenn man durch die Straßen von Gadebusch läuft, hört man vielleicht Schläge
des Trommlers von Gadebusch. Eine alte
Sage besagt, dass dieser in den unterirdischen Gängen verschüttet wurde,
während er die Ratten verscheuchen wollte.

GELSENKIRCHEN

 GE Stadt Gelsenkirchen
Bundesland: Nordrhein-Westfalen

In der Zoom Erlebniswelt kann man 900
Tiere in ihrem naturgetreuen Lebensraum
beobachten. Es gibt nahezu unsichtbare
Grenzen zwischen Mensch und Tier,
wodurch der Besuch unvergesslich wird.

GELDERN

 GEL Kreis: Kleve
Bundesland: Nordrhein-Westfalen

In Geldern wird jedes Jahr ein Straßen-
malerwettbewerb ausgetragen. Rund
um die Innenstadt treffen sich mehr als
500 Straßenmaler aus aller Welt und ver-
wandeln die Stadt in eine große Open-
Air-Galerie.

GEMÜNDEN AM MAIN

 GEM Kreis: Main-Spessart
Bundesland: Bayern

Der Ronkarzgarten ist ein ganz besonderer
Garten, denn eigentlich vermutet man
solch einen Garten in Italien oder in der
Zeit des Barocks. Er erstreckt sich über
40 Höhenmeter und drei Terrassen.

GEROLZHOFEN

 GEO Kreis: Haßberge, Schweinfurt
Bundesland: Bayern

Im Steigerwald-Motodrom Gerolzhofen ist
für Groß und Klein Kartspaß garantiert. Auf
der Kartbahn kann man sich Karts ausleihen oder sein eigenes Kart mitbringen.
Außerdem werden hier auch Kart- und
Seifenkistenrennen ausgetragen.

GERMERSHEIM

 GER Kreis: Germersheim
Bundesland: Rheinland-Pfalz

Germersheim ist eine Festungsstadt, die
von 1834 bis 1861 im Auftrag von König
Ludwig I. erbaut wurde. Besonders interessant ist der Baumlehrpfad, auf dem man
für diese Region eher seltene Baumarten,
darunter auch Exoten, bestaunen kann.

GIFHORN

 Kreis: Gifhorn
Bundesland: Niedersachsen

Vor dem Gifhorner Mühlenmuseum steht eine 10 Tonnen schwere Bronzeglocke. Das Denkmal ist rund 16 m hoch und soll an die Teilung von Deutschland erinnern. Heute liegt Gifhorn mitten in Deutschland und mitten in Europa.

GEITHAIN

 Kreis: Leipzig
Bundesland: Sachsen

Platzangst sollte man nicht haben, wenn man die unterirdischen Gänge von Geithain besucht. Die Gänge haben eine Länge von über 400 m. Genutzt wurden diese 1943 als Luftschutzkeller für mehr als 200 Personen.

GROSS-GERAU

 Kreis: Groß-Gerau
Bundesland: Hessen

In Groß-Gerau gibt es einen privat geführten Tiergarten mit knapp 75 verschiedenen Tierarten. Der Park wird von dem Verein Tiergarten e.V. betrieben, der über 200 Mitglieder hat. Besucher können die Tiere mit speziellen Futter füttern.

GRÄFENHAINICHEN

 Kreis: Wittenberg
Bundesland: Sachsen-Anhalt

Ferropolis, die „Stadt aus Eisen", ist ein Museum und Veranstaltungsort. Wo früher Braunkohle abgebaut wurde, werden heute Konzerte oder Festivals veranstaltet, denn die Kulisse wird von vielen Künstlern sehr geschätzt.

GIESSEN

 Kreis: Gießen
Bundesland: Hessen

Die manische Sprache ist eine Mischung aus dem mittelhessischen Dialekt und dem Wittgensteiner Platt. Heute leben nur noch einige Wörter des Manischen in der Umgangs- und Jugendsprache weiter.

GEILENKIRCHEN

 Kreis: Heinsberg
Bundesland: Nordrhein-Westfalen

Wen der Schulalltag von früher interessiert, der sollte unbedingt das kleine Schulmuseum besuchen. Heute kann man hier den Unterricht der Vergangenheit nacherleben, indem man mit einer Feder schreibt oder mit dem Abakus rechnet.

GLADBACH

GL
Kreis: Rheinisch-Bergischer Kreis
Bundesland: Nordrhein-Westfalen

Das Schloss Bensberg hat eine lange Geschichte hinter sich. Es wurde als Lazarett genutzt, um die Kranken zu versorgen. Nach dem Ersten Weltkrieg wurden hier obdachlose Familien untergebracht und heute wird es als Hotel genutzt.

GUMMERSBACH

GM
Kreis: Oberbergischer Kreis
Bundesland: Nordrhein-Westfalen

Gummersbach hatte mehrere Beinamen. Die Stadt wurde lange Zeit als „Klein-Paris" bezeichnet. Wegen der Lindenbäume, die früher die Hauptstraße säumten, wurde die Stadt auch Lindenstadt genannt.

GELNHAUSEN

GN
Kreis: Main-Kinzig-Kreis
Bundesland: Hessen

In Gelnhausen gibt es ein riesiges Ohr, in das man sogar auch hineingehen kann. Das begehbare Ohr im Heimatmuseum der Stadt Gelnhausen ist ein echter Höhepunkt für die kleinen Besucher. Hier lernen sie alles über unser Sinnesorgan.

GLADBECK

GLA
Kreis: Recklinghausen
Bundesland: Nordrhein-Westfalen

Gladbeck war bis Ende des 19. Jahrhunderts eine kleine ländliche Gemeinde, dann begann der Abbau von Kohle und Gladbeck wurde zu einer typischen Bergarbeiterstadt. 1971 wurde die letzte Zeche geschlossen.

GRIMMEN

GMN
Kreis: Vorpommern-Rügen
Bundesland: Meckl.-Vorpomm.

In Grimmen sind noch drei Tore der früheren Wehranlage erhalten, das Mühlentor, das Stralsunder Tor und das Greifswalder Tor. Alle drei Tore umgeben die Stadt und dienten früher dazu, die Stadt vor Feinden und Angriffen zu schützen.

GENTHIN

GNT
Kreis: Jerichower Land
Bundesland: Sachsen-Anhalt

In Genthin steht eine Persil-Uhr, auch die „Dame in Weiß" genannt. 1921 wurde der Grundstein für die Produktion des Waschmittels in Genthin gelegt. Heute ist Persil das meistverkaufte Waschmittel in Deutschland.

GÖTTINGEN

 GÖ Kreis: Göttingen
Bundesland: Niedersachsen

In Göttingen wohnt das meistgeküsste Mädchen der Welt. Nach der Einschreibung an der Universität bestiegen Studenten früher den Gänselieselbrunnen und küssten die Gänseliesel. Das sollte ihnen während ihres Studiums Glück bringen.

SANKT GOARSHAUSEN

 GOH Kreis: Rhein-Lahn-Kreis
Bundesland: Rheinland-Pfalz

Die Loreley-Legende besagt, dass auf dem Felsen eine wunderschöne Jungfrau sitzt, die die Schiffsleute mit ihrem Gesang ablenkt und somit die vielen Schiffsunglücke verursacht. So wurde der Loreleyfelsen zu einer bekannten Attraktion.

GÖRLITZ

 GR Kreis: Görlitz
Bundesland: Sachsen

Der Berzdorfer See ist ein echtes Naturparadies. Auf dem Wasser oder am Strand kann man sich prima erholen. Der See entstand durch den früheren Abbau von Braunkohle.

SANKT GOAR

 GOA Kreis: Rhein-Hunsrück-Kreis
Bundesland: Rheinland-Pfalz

Die Anderwelt ist ein Haus voller Mystik und Fantasy. Wenn man durch die Sonnengasse geht, wird man dort plötzlich von Augen angestarrt. Kleine Kobolde sollen das Haus geschaffen haben, bevor sie dann selbst zu Stein wurden.

GÖPPINGEN

 GP Kreis: Göppingen
Bundesland: Baden-Württemberg

In der Märklin Erlebniswelt wird großen und kleinen Besuchern eine beeindruckende Modelleisenbahnanlage auf ca. 3000 m^2 geboten. Da schlagen nicht nur Kinderherzen höher!

GRAFENAU

 GRA Kreis: Freyung-Grafenau
Bundesland: Bayern

Wenn man durch das „Tor zur Wildnis" geht, bietet sich ein Erlebnisprogramm für die ganze Familie. Außerdem ist das Tor der Startpunkt für den Bärenpfad, der in das Bärengehege im Nationalpark bei Neuschönau führt.

GROSSENHAIN

 Kreis: Meißen
Bundesland: Sachsen

Mit der Flugschule Born-2-Fly kann man Großenhain, Dresden und seine Umgebung aus einer ganz neuen Perspektive erleben. Mit dem Doppeldecker über die Landschaft fliegen und einen gemütlichen Rundflug erleben, das geht in Großenhain.

GRIESBACH

 Kreis: Rottal-Inn
Bundesland: Bayern

Die WaldWunderWelt in Bad Griesbach soll den Gästen das Geheimnis des Waldes näher bringen. Hier wird spielerisch Wissen über den Wald vermittelt. Der Erlebnispfad ist 4,5 km lang und mit sieben Erlebnisstationen ausgestattet.

GRIMMA

 Kreis: Leipzig
Bundesland: Sachsen

Auf dem Schwanenteichsee in Grimma kann man einem Scherenschleifer bei seiner Arbeit zusehen. Der Scherenschleifer steht mitten auf dem See und ist eine Symbolfigur der Grimmaer.

GREIZ

 Kreis: Greiz
Bundesland: Thüringen

Der Pulverturm in Greiz hat seinen Namen aus einem ganz bestimmten Grund, denn hier wurde früher dem Militär eine sichere Unterbringung des Schießpulvervorrats außerhalb der Stadt ermöglicht. Heute dient er nur noch als Aussichtsturm.

GOSLAR

 Kreis: Goslar
Bundesland: Niedersachsen

Der Walderlebnispfad von Goslar hat eine Länge von 3 km, auf denen man die Natur mit allen Sinnen erleben kann. Es gibt einen Fußfühlpfad, ein Insektenhotel, ein Waldxylophon und einen Balancierbereich.

GÜTERSLOH

 Kreis: Gütersloh
Bundesland: Nordrhein-Westfalen

In Gütersloh gibt es eine angelegte Insel in Form eines Schiffsbugs, die Dalkeinsel. Die roten Doppelliegen machen den Aufenthalt hier besonders gemütlich. Außerdem gibt es einen Uftersteg mit gläsernen „Guckfenstern".

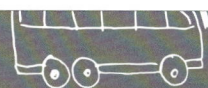
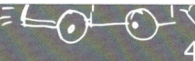

GOTHA

 GTH
Kreis: Gotha
Bundesland: Thüringen

In Gotha steht der größte Schlossbau Deutschlands aus dem 17. Jahrhundert. 1979 wurden dort fünf wertvolle Gemälde gestohlen. Eine 30-köpfige Ermittlergruppe suchte die Täter vergeblich. Die Gemälde sind bis heute spurlos verschwunden.

GUBEN

 GUB
Kreis: Spree-Neiße
Bundesland: Brandenburg

In Guben kann man in einer Stadt gleich zwei Länder entdecken, denn die Stadt bildet eine Brücke zum Nachbarland Polen. In der Doppelstadt Guben-Gubin kann man vieles über die Geschichte der beiden Städte erfahren.

GREVENBROICH

 GV
Kreis: Rhein-Kreis Neuss
Bundesland: Nordrhein-Westfalen

Im Grevenbroicher Bend können die Besucher bis zu 200 verschiedene Wild- und Haustiere in ihren natürlichen Lebensräumen beobachten. Für die kleinen Besucher ist der Streichelzoo mit integriertem Spielplatz am interessantesten.

GÜSTROW

 GÜ
Kreis: Rostock
Bundesland: Meckl.-Vorpomm.

Das Schloss in Güstrow zählt zu den bedeutendsten Renaissancebauwerken Deutschlands und ist weitestgehend im Originalzustand erhalten. Heute ist es dennoch sanierungsbedürftig, denn Teile des Dachs drohen einzustürzen.

GUNZENHAUSEN

 GUN
Kreis: Weißenburg-Gunzenhausen
Bundesland: Bayern

Das Gebiet um Gunzenhausen wird auch als Fränkisches Seenland bezeichnet, da sich hier mehrere beliebte Stauseen befinden. Der Altmühlsee ist ein sehr beliebtes Erholungsgebiet. Das denken sich auch einige Vögel, die hier ihre Brut ablegen.

GREVESMÜHLEN

 GVM
Kreis: Nordwestmecklenburg
Bundesland: Meckl.-Vorpomm.

Das Piraten Action Open Air Theater in Grevesmühlen zählt mit mehr als 60 Darstellern und einem jährlich wechselndem Bühnenbild zu den am aufwendigsten produzierten Inszenierungen im Bereich Action-Theater.

GREIFSWALD

 GW

Kreis: Vorpommern-Greifswald
Bundesland: Meckl.-Vorpomm.

In dem kleinen Fischerdorf Wieck gibt es eine der ältesten Holzklappbrücken der Welt. Eine Besonderheit der Brücke ist ihre Bedienung, denn sie wird mit reiner Muskelkraft hoch- und runtergeklappt, damit Schiffe passieren können.

GÜNZBURG

 GZ

Kreis: Günzburg
Bundesland: Bayern

Das Legoland Günzburg ist so groß wie 25 Fußballfelder und in sieben Themenbereiche unterteilt. Hier gibt es Achterbahnen, Experimentierzentren, Wasserattraktionen und Shows, es wird also für Jung und Alt einiges geboten.

HANNOVER

 H

Kreis: Hannover
Bundesland: Niedersachsen

Im Rathaus von Hannover gibt es etwas auf der Welt Einmaliges, einen Bogenaufzug. In der dritten Etage startet die Fahrt mit dem Bogenaufzug in die Kuppel des Rathauses. Während der Fahrt passt er sich der Rundung der Kuppel an.

HAMMELBURG

 HAB

Kreis: Bad Kissingen
Bundesland: Bayern

In Hammelburg gibt es ein ungelöstes Rätsel. Eines Tages erblickten Wanderer die Figur einer Frau auf einem Felsvorsprung. Die Hammelburger nannten sie Amalberga, nach der Frau, der einst das Schloss auf dem Hammelberg gehörte.

HAGEN

 HA

Stadt Hagen
Bundesland: Nordrhein-Westfalen

Hagen wird auch oft als „das Tor zum Sauerland" bezeichnet. Außerdem gibt es hier auch die einzige staatliche Fernuniversität Deutschlands und somit trägt Hagen offiziell den Namenszusatz „Stadt der FernUniversität".

HALLE

 HAL

Stadt Halle (Saale)
Bundesland: Sachsen-Anhalt

Zu Ehren des deutschen Komponisten Georg Friedrich Händel werden in Halle die Händel-Festspiele ausgetragen. Es werden jedes Jahr in über 100 Inszenierungen 34 der Händel-Opern aufgeführt. 2018 knackten die Festspiele einen Besucherrekord.

HAMM

 Stadt Hamm
Bundesland: Nordrhein-Westfalen

In Hamm steht ein riesiger Elefant aus Glas. Der Glaselefant im Maximilianpark ist gleichzeitig auch das Wahrzeichen der Stadt. Außerdem steht er im Guiness Buch der Rekorde als größtes Gebäude in Tiergestalt.

HANSESTADT BREMEN

 Stadt Bremen
Bundesland: Bremen

Das bekannteste Wahrzeichen von Bremen sind die Bremer Stadtmusikanten. Seit 1953 steht an der linken Seite des Rathauses eine Bronzestatue, die an das beliebte Märchen der Gebrüder Grimm erinnert.

HALBERSTADT

 Kreis: Harz
Bundesland: Sachsen

In Langenstein bei Halberstadt gibt es Wohnungen wie aus dem Märchen. In dem „Dorf im Fels" kann man kleine Höhlenwohnungen besichtigen, die aus dem Sandstein herausgeschlagen wurden. Über Jahre hinweg lebten hier Menschen.

HASSFURT

 Kreis: Haßberge
Bundesland: Bayern

Wer schon immer mal auf den Spuren der Kelten wandern wollte, sollte sich auf den Weg in den Naturpark Haßberge machen. Auf dem Keltenerlebnisweg zeugen Höhensiedlungen, Grabhügel und Bodendenkmäler von der Hochkultur der Kelten.

HILDBURGHAUSEN

 Kreis: Hildburghausen
Bundesland: Thüringen

In Hildburghausen wurden 1833 Fährtenabdrücke gefunden, von denen man heute weiß, dass es sich um rund 240 Millionen Jahre alte Spuren eines Ursauriers handelt. Die Platten wurden rekonstruiert und sind nun die Attraktion in Hildburghausen.

HAINICHEN

 Kreis: Mittelsachsen
Bundesland: Sachsen

Schon im vierten Jahrhundert kannte man das Funktionsprinzip der „Camera obscura", die man auch in Hainichen auf dem Rahmenberg findet. In einem dunklen Raum werden Bilder durch ein kleines Loch auf eine gegenüberliegende Fläche übertragen.

HECHINGEN

 HCH Kreis: Freudenstadt, Zollernalbkreis
Bundesland: Baden-Württemberg

Einen Einblick in das Leben der Römer bekommt man in Hechingen im römischen Freilichtmuseum. Es gilt als eines der größten und besterhaltenen römischen Gutshöfe Deutschlands. Der große Tempelbezirk bietet einzigartige Einblicke.

HEIDELBERG

 HD Stadt Heidelberg
Bundesland: Baden-Württemberg

Auf der alten Brücke in Heidelberg gibt es ein beliebtes Fotomotiv, den Brückenaffen. Streicht man über den Spiegel, den der Affe in der Hand hält, bringt das Wohlstand, streicht man über die ausgestreckten Finger, kommt man hierher zurück.

HEIDENHEIM

 **HDH** Kreis: Heidenheim
Bundesland: Baden-Württemberg

Der „Knöpflewäscherin"-Brunnen besagt, dass einst eine Frau ihrem Mann „Knöpfle" (Spätzle) auf die Arbeit bringen wollte. Sie stolperte und die Knöpfle fielen in den Dreck. Daraufhin wusch sie die Knöpfle in der Brenz und brachte sie ihrem Mann.

HALDENSLEBEN

 HDL Kreis: Börde
Bundesland: Sachsen-Anhalt

In Haldensleben haben die einst mächtigen Ritterorden der Templer ihre Spuren hinterlassen. Im Norden findet man die Überreste der Burg Wichmannsdorf und im Stadtzentrum steht das älteste Haus der Stadt, das „Templerhaus".

HELMSTEDT

 HE Kreis: Helmstedt
Bundesland: Niedersachsen

In Helmstedt befand sich einst der wichtigste Grenzübergang zwischen der BRD und der DDR. Heute gibt es hier ein Zonengrenz-Museum, welches über die deutsche Teilung und den in Helmstedt liegenden Grenzübergang informiert.

HERSBRUCK

 HEB Kreis: Nürnberger Land
Bundesland: Bayern

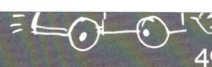

In der historischen Altstadt von Hersbruck findet man das einzige Museum zum Hirtenwesen in Deutschland, das deutsche Hirtenmuseum. Kleidung, Gerätschaften und Arbeiten der Hirten geben Einblicke in diesen alten Beruf.

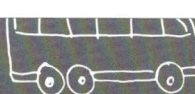

BAD HERSFELD

 HEF | Kreis: Hersfeld-Rotenburg
Bundesland: Hessen

Wenn man durch das Werratal fährt, kann es sein, dass man auf weiße Berge stößt. Das sind die Berge des Kali-Bergbaus. Der Monte Kali wächst stündlich um 800 Tonnen Rohsalz, das abgebaut werden muss, um die Kalidüngemittel herzustellen.

HERNE

 HER | Stadt Herne
Bundesland: Nordrhein-Westfalen

Auf dem Rhein-Herne-Kanal findet jedes Jahr am letzten Sonntag im April die Schiffsparade KulturKanal statt. Die Strecke, die die Schiffe zurücklegen müssen, ist 15 km lang. Bei der Parade fahren neben großen Schiffen auch Ruderboote und Kanus.

HERFORD

 HF | Kreis: Herford
Bundesland: Nordrhein-Westfalen

Das Markenzeichen von Herford ist das Marta Herford. Den Museumsbau gibt es seit 2005 und er steht für Herfords Originalität und Weltoffenheit. In diesem Museum findet man alles zum Thema Kunst, Design und Architektur.

HEIDE

 HEI | Kreis: Dithmarschen
Bundesland: Schleswig-Holstein

Der Marktplatz der Kreisstadt Heide ist 4,7 Hektar groß. Somit ist er der größte unbebaute Platz Deutschlands. Der sehr beliebte Heider Wochenmarkt findet hier schon seit mehr als 500 Jahren jeden Sonntag statt.

HETTSTEDT

 HET | Kreis: Mansfeld-Südharz
Bundesland: Sachsen-Anhalt

Der sogenannte „Zuckerhut" diente früher als Wachturm und hat seinen Namen wegen seiner pyramidenförmigen Spitze. Vom Volk wurde der Turm auch „Hexenturm" genannt, denn sie glaubten, dass hier im Mittelalter Hexen eingesperrt wurden.

BAD HOMBURG

 HG | Kreis: Hochtaunuskreis
Bundesland: Hessen

Das Wahrzeichen der Stadt Bad Homburg ist der Turm des Schlosses. Wegen seines weißen Anstrichs fällt er schon von Weitem schnell ins Auge. Genauso sehenswert ist das Schloss mit seinen aufwendig gestalteten Schauräumen.

HAGENOW

 HGN
Kreis: Ludwigslust, Parchim
Bundesland: Meckl.-Vorpommern

Der Wasserturm von Hagenow ist schon von Weitem zu sehen, denn er liegt auf einer Anhöhe. Bis in die 70er-Jahre versorgte er die Menschen mit Trinkwasser. Seit seiner Stilllegung und dem Umbau wird er als Wohnhaus genutzt.

HANSESTADT HAMBURG

 HH
Stadt Hamburg
Bundesland: Hamburg

Die Fläche des Hamburger Hafens ist so groß wie die Fläche von Köln. Damit ist der Hamburger Hafen der zweitgrößte Hafen Europas. Jedes Jahr legen hier 13 000 Schiffe an, darunter auch viele große Kreuzfahrtschiffe.

HANSESTADT GREIFSWALD

 HGW
Stadt Greifswald
Bundesland: Meckl.-Vorpommern

Die Ernst-Moritz-Arndt-Universität in Greifswald zählt zu den ältesten Universitäten in Mitteleuropa. 2006 feierte die Hochschule ihr 550-jähriges Jubiläum. An der Universität studieren 12 000 Studenten und es gibt 5500 Mitarbeiter.

HOHENMÖLSEN

 HHM
Kreis: Burgenlandkreis
Bundesland: Sachsen-Anhalt

Hohenmölsen wird auch die „Stadt der drei Türme" genannt, denn ihr Stadtbild ist von drei Türmen geprägt. Das Wahrzeichen der Stadt ist aber die Fabel „Der Fuchs und der Storch". Die beiden Figuren sind überall in der Stadt zu finden.

HILDESHEIM

 HI
Kreis: Hildesheim
Bundesland: Niedersachsen

Der Katzenbrunnen in Hildesheim zeigt die Sage der Hildesheimer Katzen. Die Katzen sollen nachts einen Brand bemerkt und die Bevölkerung geweckt haben. Der Brunnen steht seit 1913 auf dem Neustädter Markt in Hildesheim.

HEILIGENSTADT

 HIG
Kreis: Eichsfeld
Bundesland: Thüringen

Heiligenstadt wurde einer Sage zufolge von Frankenkönig Dagobert gegründet. In einer Jagdpause heilten seine Gebrechen auf wundersame Weise, daraufhin ließ er eine Kirche bauen und nannte die entstehende Siedlung Heiligenstadt.

HILPOLTSTEIN

 HIP Kreis: Roth
Bundesland: Bayern

Neben dem Segelzentrum am Großen Rothsee gibt es eine integrative Umweltstation. Diese bietet viele Möglichkeiten, die verschiedenen Pflanzen und Tiere am Rothsee zu erkunden.

HANSESTADT LÜBECK

 HL Stadt Lübeck
Bundesland: Schleswig-Holstein

Aus Lübeck stammt das berühmte Niederegger Marzipan. Genau gegenüber des Rathauses befindet sich das berühmte Café Niederegger mit dem Marzipan-Salon. Die schönsten Marzipansouvenirs kann man im Erdgeschoss des Cafés kaufen.

HANNOVERSCH MÜNDEN

 HMÜ Kreis: Göttingen
Bundesland: Niedersachsen

Stand-Up-Paddling ist nicht schwer, das sagt zumindest der Mündener Kanu-Club. Hier kann man sich die Surfbretter ausleihen und direkt loslegen. Beim Stand-Up-Paddling wird im Stehen auf einem Surfbrett gepaddelt.

HEIDEKREIS

 HK Kreis: Heidekreis
Bundesland: Niedersachsen

Der Serengeti-Park in Hodenhagen ist eine Kombination aus Nationalpark, Tierpark und Freizeitpark. Auf einer zehn Kilometer langen Strecke kann man mit dem eigenen Auto oder einem Bus viele Tiere in freier Wildbahn beobachten.

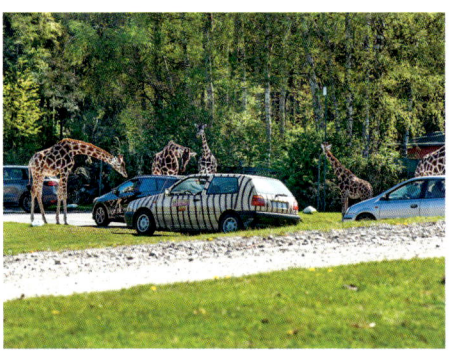

HAMELN

 HM Kreis: Hameln-Pyrmont
Bundesland: Niedersachsen

Jeder kennt wahrscheinlich die Geschichte des Rattenfängers von Hameln. Das Rattenfängerhaus zählt deshalb zu den bekanntesten Häusern der Stadt. Heute wird darin ein Restaurant betrieben.

HEILBRONN

 HN Stadt Heilbronn
Bundesland: Baden-Württemberg

Der Bollwerksturm hieß früher eigentlich Götzenturm. Er bekam den Namen Bollwerksturm, als die Schweden im Dreißigjährigen Krieg den Bereich um den Turm zu einem Bollwerk ausbauten.

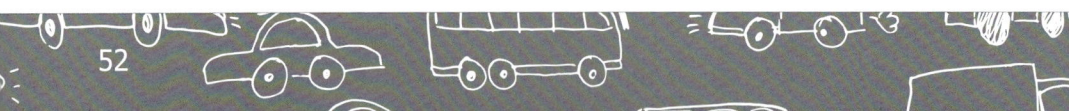

HOF

 Kreis: Hof
Bundesland: Bayern

In Hof gibt es eine ganz besondere Attraktion zu sehen. Im Fernweh-Park kann jeder Schilder aufhängen, die für ihn etwas bedeuten. Menschen aus aller Welt wollen so ein Zeichen für den Frieden und die Zusammengehörigkeit setzen.

HOFHEIM

 Kreis: Haßberge
Bundesland: Bayern

Das schöne Fachwerkstädtchen hatte ganz früher den lustigen Namen „hoveheimono". Heute kann man hier unter anderem ein Eisenbahnmuseum und Schloss Eichelsdorf besichtigen.

HOMBURG

 Kreis: Saarpfalz-Kreis
Bundesland: Saarland

In Homburg befinden sich Europas größte, von Menschenhand geschaffene Buntsandsteinhöhlen. Über 12 Etagen führen geheimnisvolle Gänge in atemberaubende Kuppelhallen. Der Sand in den Hallen ist gelb und rot verfärbt.

HOFGEISMAR

 Kreis: Kassel
Bundesland: Hessen

Die Sababurg, besser bekannt als das Dornröschenschloss, steht im Ortsteil Beberbeck. Wie im Märchen der Gebrüder Grimm, soll eine 3 m hohe und 5 km lange Dornenhecke die Burg umgeben haben. Heute residiert hier ein Theater.

HOLZMINDEN

 Kreis: Holzminden
Bundesland: Niedersachsen

Holzminden wird auch oft die „Stadt der Düfte und Aromen" genannt, das hat die Stadt der örtlichen Kosmetikindustrie zu verdanken. Bei einem „duftenden" Stadtrundgang kann man an 17 Duftsäulen in die Welt der Gerüche und Aromen eintauchen.

HORB

 Kreis: Freudenstadt
Bundesland: Baden-Württemberg

In Horb findet eine der größten Mittelalter-Veranstaltungen Europas statt. Bei den Horber Ritterspielen gibt es Turniere, mittelalterliche Umzüge, Konzerte und ein Markt mit Ritterlagern. Das Fest findet jedes Jahr Mitte Juni statt.

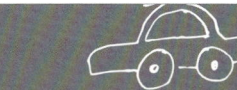

HÖCHSTADT A. D. AISCH

 HÖS
Kreis: Erlangen-Höchstadt
Bundesland: Bayern

Von dem ursprünglichen Höchstädter Schloss ist heute nicht mehr viel zu sehen. Der älteste Teil ist das Fundament des Schlosses aus dem 13. Jahrhundert. Nach umfangreichen Baumaßnahmen erhielt das Schloss 1714 seine heutige Gestalt.

HEPPENHEIM

 HP
Kreis: Bergstraße
Bundesland: Hessen

Wer einmal die schönsten Sagen aus Hessen hören möchte, sollte eine Führung über den Laternenweg mitmachen. Bei Einbruch der Dunkelheit leuchten 150 Scherenschnitte aus den Straßenlaternen der Altstadt.

HANSESTADT ROSTOCK

 HRO
Stadt Rostock
Bundesland: Meckl.-Vorpommern

In Rostock gibt es ein ganz besonderes Kinoerlebnis. Die Ostsee-Welten sind mit der 5D-Technologie ausgebaut. Spezialeffekte wie Wind, Wasser, Nebel, Seifenblasen und bewegte Sitzplätze machen das Kinoerlebnis so besonders.

HOHENSTEIN-ERNSTTHAL

 HOT
Kreis: Zwickau
Bundesland: Sachsen

Tri, Tra, Trullala, der Kasper, der ist da. Der Kasper, so wie wir ihn kennen, wurde 1928 in Hohenstein geboren. Sein Meister war Max Jacob, der den Kasper berühmt machte. Mittlerweile gibt es zahlreiche andere Handspielpuppen im Kasperletheater.

HOMBERG

 HR
Kreis: Schwalm-Eder-Kreis
Bundesland: Hessen

Im Wildpark Knüll im Schwalm-Eder-Kreis kann man rund 450 Tiere bewundern. Ein besonderer Höhepunkt ist die Bären-Wolfswohngemeinschaft: Hier leben zwei Braunbären und zwölf Wölfe in einer Art Wohngemeinschaft zusammen.

HEINSBERG

 HS
Kreis: Heinsberg
Bundesland: Nordrhein-Westfalen

Wer gerne Rad fährt, der findet im Heinsberger Land genau das Richtige. Mit mehr als 500 km ausgeschilderten Radwanderwegen ist das Heinsberger Land ideal zum Radfahren.

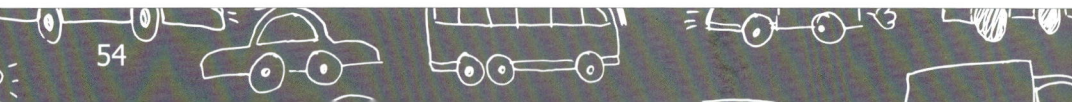

HOCHSAUERLANDKREIS

 HSK   Kreis: Hochsauerlandkreis
Bundesland: Nordrhein-Westfalen

Der Plästerlegge ist der höchste Wasserfall in Nordrhein-Westfalen. Mit seinen 20 m Höhe ist er ein absolutes Naturschauspiel. Der Wasserfall ist Teil eines Naturschutzgebietes und von einem Buchenwald umgeben.

HANAU

 HU   Stadt Hanau
Bundesland: Hessen

Das Gebrüder Grimm Denkmal auf dem Neustädter Marktplatz hat einen langen Weg hinter sich: Es dauerte über 40 Jahre, bis man sich für einen Entwurf entschieden hatte und die in Hanau geborenen Brüder in Bronze gegossen wurden.

HANSESTADT STRALSUND

 HST   Stadt Stralsund
Bundesland: Meckl.-Vorpommern

Seit 2008 gibt es das Ozeaneum auf der Hafeninsel. In diesem Aquarium kann man eine einzigartige Reise durch die Unterwasserwelt der nördlichen Meere unternehmen. Die Becken im Ozeaneum umfassen sechs Millionen Liter Wasser.

HAVELBERG

 HV   Kreis: Stendal
Bundesland: Sachsen-Anhalt

Havelberg könnte sich auch die „Stadt der Traditionen" nennen, denn es gibt viele traditionelle Feste oder Veranstaltungen, vor allem der Pferdemarkt, die Rathauskonzerte oder auch das Kindertagsfest.

HAVELLAND

 HVL   Kreis: Havelland
Bundesland: Brandenburg

Theodor Fontane hat das Dörfchen mit seiner Ballade „Herr von Ribbeck auf Ribbeck im Havelland" sehr berühmt gemacht. Heute steht ein ähnliches Pflänzchen wie der legendäre Birnbaum aus der Erzählung direkt neben der alten Kirche in Ribbeck.

HANSESTADT WISMAR

 HWI   Stadt Wismar
Bundesland: Meckl.-Vorpommern

Im Wismarer Hafen liegt das Museumsschiff Poeler Kogge. Mit dem Schiff können Tagesfahrten und mehrtägige Segeltörns gemacht werden. Die Kogge ist eine Sehenswürdigkeit für interessierte Besucher aus allen Teilen der Welt.

HÖXTER

 HX Kreis: Höxter
Bundesland: Nordrhein-Westfalen

Das Schloss und Kloster von Corvey beeindruckt schon von außen durch seine außergewöhnlichen Ausmaße. Die Klosterfront ist insgesamt 200 m lang und der Innenhof umschließt eine gewaltige Grünanlage.

HARZ

 HZ Kreis: Harz
Bundesland: Sachsen-Anhalt

Der Hexentanzplatz im Harz ist eines der bekanntesten und beliebtesten Ausflugsziele für Jung und Alt. Außerdem kann man sich auf der Allwetterrodelbahn den Wind um die Ohren pusten lassen.

ILM-KREIS

 IK Kreis: Ilm-Kreis
Bundesland: Thüringen

Im Deutschen Bratwurstmuseum in der Wachsenburggemeinde findet man alles rund um die Bratwurst. Es wird der Weg vom Schwein bis hin zur fertigen Wurst aufgezeigt – und das alles mit einer guten Portion Humor.

HOYERSWERDA

 HY Kreis: Bautzen
Bundesland: Sachsen

Im Saurierpark Kleinwelka gibt es mehr als 200 lebensgroße Plastiken von Dinosauriern und anderen Urzeitwesen zu bestaunen. Besonders beeindruckend sind der 15 m hohe Brachiosaurus und der berühmte Tyrannosaurus Rex.

ST. INGBERT

 IGB Stadt St. Ingbert
Bundesland: Saarland

Urwald-Feeling gibt es in der Nähe von Saarbrücken. Das Naturschutzgebiet wird als „Urwald vor den Toren der Stadt" bezeichnet. Der Wald kann hier ungehindert wachsen, da auf die Gewinnung von Holz komplett verzichtet wird.

ILMENAU

 IL Kreis: Ilm-Kreis
Bundesland: Thüringen

Oberhalb von Ilmenau befindet sich der 860 m hohe Hausberg, der Kickelhahn. Auf das dort noch existierende Jagdhaus hat Goethe sein bekanntes Gedicht: „Über allen Gipfeln ist Ruh ..." geschrieben. Heute steht auf dem Kickelhahn ein Aussichtsturm.

ILLERTISSEN

 ILL
Kreis: Neu-Ulm
Bundesland: Bayern

Ein ganz besonderes Glockenspiel kann man sich in St. Martin anschauen: Das Carillon im Kirchturm hat 49 Glocken und wiegt rund 2 Tonnen. Ein Carillon wird auf mechanischem Weg über einen Spieltisch, nur mit großen Tasten, gespielt.

ITZEHOE

 IZ
Kreis: Steinburg
Bundesland: Schleswig-Holstein

Der deutsche Koch Mike Süsser wurde 1971 in Itzehoe geboren. In Burg absolvierte er seine Ausbildung zum Koch. Heute ist Mike Süsser vor allem durch seine zahlreichen Fernsehauftritte in verschiedenen Kochshows bekannt.

JESSEN

 JE
Kreis: Wittenberg
Bundesland: Sachsen-Anhalt

Gegen Ende des 12. Jahrhunderts wurde bereits mit dem Bau des Jessener Schlosses begonnen. Später wurde es dann als Tuchfabrik genutzt und nun ist es seit 1999 im Besitz der Stadt Jessen. Das Schloss steht heute unter Denkmalschutz.

INGOLSTADT

 IN
Stadt Ingolstadt
Bundesland: Bayern

Ingolstadt ist neben Wolfsburg einer der wichtigsten Standorte der deutschen Automobilindustrie. Hier ist der größte Produktionsstandort von Audi. Im Audi-Werk werden über 31 000 Mitarbeiter aus 72 Ländern der Erde beschäftigt.

JENA

 J
Stadt Jena
Bundesland: Thüringen

Das älteste Planetarium der Welt ist das Zeiss-Planetarium in Jena. Das Planeterium gibt es schon seit 1926. Dort kann man alles über das Planetensystem, den Sternenhimmel und die Kosmologie erfahren.

JERICHOWER LAND

 JL
Kreis: Jerichower Land
Bundesland: Sachsen-Anhalt

Das Kloster Jerichow gehört zu den ältesten Backsteinbauwerken in Norddeutschland. Die ab 1148 erbaute Anlage wurde 1240 vollendet und besitzt heute ihr weitgehend ursprüngliches Aussehen.

JÜLICH

 JÜL Kreis: Düren
Bundesland: Nordrhein-Westfalen

Die Menschen in Jülich werden auch „Muttkrate" genannt. Das Wort leitet sich von den Worten Mutt (Schlamm) und Krat (Kröte) ab. Jülich wurde auf einem Sumpfgebiet errichtet und die Kröten verkrochen sich bei Gefahr einfach im Schlamm.

KARLSRUHE

 KA Stadt: Karlsruhe
Bundesland: Baden-Württemberg

Das Karlsruher Schloss wurde Anfang des 18. Jahrhunderts erbaut und beherbergte anschließend etwa 200 Jahre lang die Markgrafen, Kurfürsten und Großherzöge von Baden. Seit 1921 ist das Badische Landesmuseum im Schloss zu Hause.

KRONACH

 KC Kreis: Kronach
Bundesland: Bayern

Die Veste Rosenberg ist eine Höhenburg inmitten einer barocken Festungsanlage. Der ehemalige Sitz der Bamberger Fürstbischöfe befindet sich über der Kronacher Altstadt. Heute steht die Anlage unter Denkmalschutz.

KÖLN

 K Stadt Köln
Bundesland: Nordrhein-Westfalen

Der Kölner Dom lockt täglich unzählige Besucher zur Domplatte. Im Innern befindet sich der Dreikönigenschrein, in dem sich die Reliquien der Heiligen Drei Könige befinden sollen. Außerdem ist das Wahrzeichen ein UNESCO-Weltkulturerbe.

KORBACH

 KB Kreis: Waldeck-Frankenberg
Bundesland: Hessen

Sich auf die Spuren von Goldsuchern begeben – in Korbach in der größten Goldlagerstätte Deutschlands ist das möglich. Bei Bergwerksführungen kann man diese spannende Untertage-Welt besichtigen.

KEMPTEN

 KE Stadt Kempten
Bundesland: Bayern

Der Rathausplatz in Kempten versprüht besonders in den Sommermonaten italienisches Flair. Die Rathausfassade und der Rathausbrunnen der bayerischen Piazza sind immer wieder beliebte Ziele.

KELHEIM

 KEH   Kreis: Kelheim
Bundesland: Bayern

Hoch oben auf dem Michelsberg befindet sich die Befreiungshalle. Dieses Denkmal erinnert an die gewonnenen Schlachten gegen Napoleon in den Befreiungskriegen des 19. Jahrhunderts. Im Sommer kann man mit der Ludwigsbahn auf den Berg fahren.

KEHL

 KEL   Kreis: Ortenaukreis
Bundesland: Baden-Württemberg

1817 entstand eine Notkirche, die sowohl von Katholiken als auch Protestanten genutzt wurde, da deren Kirchen zerstört wurden. Als diese baufällig wurde, hat man eine neue Simultankirche aufgebaut, die heutige Friedenskirche.

KEMNATH

 KEM   Kreis: Bayreuth, Tirschenreuth
Bundesland: Bayern

Der Karpfen ist seit Ewigkeiten die Symbolfigur Kemnaths. Eine besondere Attraktion ist deshalb der „Phantastische Karpfenweg". Auf 2,8 km kann man an bunten Karpfenskulpturen einheimischer Künstler vorbei spazieren.

BAD KISSINGEN

 KG   Kreis: Bad Kissingen
Bundesland: Bayern

Im Ortsteil Hausen befindet sich die Spielzeugwelt Bad Kissingen. Auf 150 qm präsentiert das Spielzeugmuseum Holzspielzeug und Bilderbücher aus der ganzen Welt. Zusätzlich erfährt man Spannendes über die Spielzeugproduktion in der Rhön.

KAUFBEUREN

 KF   Stadt Kaufbeuren
Bundesland: Bayern

Seit 1987 öffnet das Puppentheatermuseum im Spielbergerhof seine Türen. Hier kann man Figuren und Requisiten aus der Welt des Puppentheaters bewundern und sich durch die spannende Ausstellung führen lassen.

BAD KREUZNACH

 KH   Kreis: Bad Kreuznach
Bundesland: Rheinland-Pfalz

Die Brückenhäuser auf der Alten Nahebrücke stammen aus dem 15. Jahrhundert und bilden das Wahrzeichen von Bad Kreuznach. Die Steinbrücke gehört zu den drei letzten mit Häusern bebauten Brücken Deutschlands.

KIEL

 KI
Stadt Kiel
Bundesland: Schleswig-Holstein

Seit dem 19. Jahrhundert schon ist die Kieler Woche DAS Highlight in Kiel. Die jährlich stattfindende Segelregatta gilt als eines der größten Segelsportereignisse der Welt und wird von einem Volksfest mit Live-Musik begleitet.

KEMPEN-KREFELD

 KK
Kreis: Viersen
Bundesland: Nordrhein-Westfalen

Von ursprünglich vier Stadttoren ist der Stadt Kempen lediglich eines erhalten geblieben – das Kuhtor. Es heißt so, da man die Viehherden früher über dieses Tor vom Stall zur grünen Weide führte.

KLEVE

 KLE
Kreis: Kleve
Bundesland: Nordrhein-Westfalen

Die Schwanenburg, die hoch über dem Rhein thront, gilt als Wahrzeichen von Kleve. Laut einer Inschrift soll der Turm der Burg von Julius Cäsar höchstpersönlich in Auftrag gegeben worden sein.

KIRCHHEIMBOLANDEN

 KIB
Kreis: Donnersbergkreis
Bundesland: Rheinland-Pfalz

In Kirchheimbolanden gibt es eine nahezu vollständig erhaltene barocke Altstadt mit vielen Sehenswürdigkeiten und historischen Gebäuden zu bestaunen. Das Zentrum bildet der Römerplatz, auf dem viele Veranstaltungen stattfinden.

KAISERSLAUTERN

 KL
Stadt: Kaiserslautern
Bundesland: Rheinland-Pfalz

Im Stadtzentrum von Kaiserslautern befindet sich die Gartenschau – ein Überbleibsel der ersten Landesgartenschau in Rheinland-Pfalz. Hier kann man sich unter anderem die größte Dinosaurier-Ausstellung Europas anschauen.

KLÖTZE

 KLZ
Kreis: Altmarkkreis Salzwedel
Bundesland: Sachsen-Anhalt

In Klötze wird es für Tierfreunde spannend. Im Tierpark „Arche Noah" kann man sich auf 1,75 Hektar eine große Auswahl an Haus- und Wildtieren ansehen – z. B. Wildschweine, Esel oder Meerschweinchen.

KAMENZ

 Kreis: Bautzen
Bundesland: Sachsen

Die bekannteste Person aus Kamenz ist wohl Gotthold Ephraim Lessing. Der Dichter aus dem 18. Jahrhundert hat die Literatur nachhaltig beeinflusst. Seine Werke, z. B. „Nathan der Weise", sind bis heute auf Theaterbühnen zu sehen.

KOBLENZ

 Stadt: Koblenz
Bundesland: Rheinland-Pfalz

Nur etwa ein halbe Stunde mit dem Auto von Koblenz entfernt steht die Burg Eltz. Sie gehört zu den bekanntesten Burgen in Deutschland. Bei einer Führung durch die alten Gemäuer sieht man eine Waffenkammer, einen Rittersaal und vieles mehr.

KÖTHEN

 Kreis: Anhalt-Bitterfeld
Bundesland: Sachsen-Anhalt

Die Naturgeschichte der Vögel Deutschlands kann im Naumann-Museum Köthen entdeckt werden. Seit 1835 findet man das Museum im Köthener Schloss. Besuchern wird hier die Vogelsammlung mit ca. 1300 Präparaten vorgestellt.

KONSTANZ

 Kreis: Konstanz
Bundesland: Baden-Württemberg

Wer nach Konstanz fährt, kommt an ihr nicht vorbei: die Hafenfigur Imperia. Das Wahrzeichen der schönen Stadt am Bodensee wiegt ganze 18 Tonnen, ist 9 m groß und ein beliebtes Touristenziel.

BAD KÖNIGSHOFEN

 Kreis: Rhön-Grabfeld
Bundesland: Bayern

In der Frankentherme in Bad Königshofen wird Baden zum Erlebnis. Mit Unterwassermusik, Lichteffekten, Riesenrutsche und vielem mehr macht das Schwimmen gleich doppelt so viel Spaß. Ein Publikumsmagnet ist der Heilwassersee.

BAD KÖTZTING

 Kreis: Cham
Bundesland: Bayern

Gerade einmal 20 km von Bad Kötzting entfernt, kann man den Further Drachen bestaunen. Wenn man es nicht besser wüsste, könnte man den 4,5 m hohen und 15,5 m langen Roboter für echt halten.

KREFELD

 KR — Stadt Krefeld
Bundesland: Nordrhein-Westfalen

Joseph Beuys, einer der berühmtesten deutschen Künstler des 20. Jahrhunderts, wurde in Krefeld geboren. Mit ungewöhnlichen Werken und Aktionskunst machte er mächtig Furore in der Kunstszene.

KASSEL

 KS — Stadt Kassel
Bundesland: Hessen

Auf dem Kasseler Weinberg befindet sich die „Grimmwelt". Besucher können hier viele Informationen über das gesellschaftliche und politische Leben der Gebrüder Grimm herausfinden.

KULMBACH

 KU — Kreis: Kulmbach
Bundesland: Bayern

Bei einer Burgführung auf der Plassenburg kann man hautnah miterleben, wie es sich auf einer mittelalterlichen Burg gelebt hat. Die Tour führt durch unterirdische Gänge, vorbei an hohen Mauern und manchmal spukt auch das Burggespenst umher.

KRUMBACH

 KRU — Kreis: Günzburg
Bundesland: Bayern

Rund 25 Wohnmobile haben Platz auf dem Campingplatz am Waldbad in Günzburg. Ca. 15 Minuten ist diese Übernachtungsmöglichkeit von der Altstadt entfernt. Familien können sich hier gut erholen und Abenteuer in der Natur erleben.

KITZINGEN

 KT — Kreis: Kitzingen
Bundesland: Bayern

Die mittelalterlich geprägte Altstadt Kitzingens bildet das historische Zentrum der Stadt. Einen Besuch wert sind das Conditorei-Museum und das Renaissance-Rathaus in der Altstadt.

KÜNZELSAU

 KÜN — Kreis: Hohenlohekreis
Bundesland: Baden-Württemberg

In Künzelsau sind die Pferde los! Die Rede ist vom Unternehmen Mustang, das die ersten Jeanshosen in Deutschland herstellte. Im ehemaligen Gründungsgebäude befindet sich nun ein Museum über die Geschichte der Denimhose.

KUSEL

 **KUS** Kreis: Kusel
Bundesland: Rheinland-Pfalz

Im Kalkbergwerk am Königsberg kann man mit Kittel und Helm ausgestattet die unterirdische Welt des Bergbaus entdecken. Mit einer Grubenbahn gelangen Besucher ins Innere des Bergs und lernen Interessantes über die Arbeit unter Tage.

KÖNIGS WUSTERHAUSEN

 KW Kreis: Dahme-Spreewald
Bundesland: Brandenburg

Vom Auto zum Kajak wechseln, in Königs Wusterhausen kein Problem! Hier kann man sich ganz bequem mitten in der Stadt ein Boot leihen und damit über Seen und Kanäle der Region paddeln. Ein Vergnügen für die ganze Familie.

KYRITZ

 KY Kreis: Ostprignitz-Ruppin
Bundesland: Brandenburg

In Kyritz kann man Vögel beobachten, aber mal ganz anders. 2016 wurden auf der dortigen St. Marienkirche Kameras installiert, die Bilder aus den dort angebrachten Nistkästen übertragen – von Nestbau, Brüten und Nachwuchs.

KYFFHÄUSER

 KYF Kreis: Kyffhäuserkreis
Bundesland: Thüringen

Im Freizeit- und Erholungspark Possen werden das wahrscheinlich größte Hüpfkissen Europas, eine Riesen-Rutsche und ein Hochseilgarten angeboten. Außerdem kann man heimische und exotische Tiere beobachten, wie z. B. einen Geparden.

LEIPZIG

 **L** Stadt Leipzig
Bundesland: Sachsen

360-Grad-Panoramabilder kann man im Panometer in Leipzig erleben. Die Panoramen werden mit wechselnden Themen angeboten. Mit der entsprechenden Licht- und Tonkulisse entführen die Inszenierungen in fremde Welten oder ferne Orte.

LANDSHUT

 LA Stadt Landshut
Bundesland: Bayern

Der Kirchturm der Kirche St. Martin ist der höchste aus Backsteinen errichtete Kirchturm in Deutschland. Mit dem 130 m hohen Turm landete die Kirche auf Platz 13 der höchsten Kirchen der Welt.

LANDAU

 LAN Kreis: Dingolfing-Landau
Bundesland: Bayern

Die Miniatur-Wunderwelt von Blue Brix ist einen Ausflug wert. Doch hier werden nicht nur Modell- und Eisenbahnanlagen gezeigt, es gibt auch noch weitere Erlebnisbereiche, wie z. B. ein 5D-Kino und eine virtuelle Achterbahn.

LUDWIGSBURG

 LB Kreis: Ludwigsburg
Bundesland: Baden-Württemberg

Das Wahrzeichen der Stadt Ludwigsburg ist das Residenzschloss, das auch Deutschlands größtes unzerstörtes Barockschloss ist. Erbaut wurde es im 18. Jahrhundert von Herzog Eberhard Ludwig.

LÜBZ

 LBZ Kreis: Ludwigslust-Parchim
Bundesland: Meckl.-Vorpommern

Seit 1980 gibt es das Planetarium in der Stadt Lübz und im Jahre 1999 kam eine Sternwarte mit Fernrohr dazu, mit dem man den Sternenhimmel erkunden kann. Hier erfährt man alles Spannende über den Weltraum und die Himmelskunde.

LAUF

 LAU Kreis: Nürnberger Land
Bundesland: Bayern

Die Felsenkeller in Lauf sind eine echte Besonderheit. Fast jedes Haus hier besitzt unterhalb des normalen Kellers einen Felsenkeller. Diese befinden sich etwa 10 m unter der Erdoberfläche und sind in Sandstein gehauen.

BAD LOBENSTEIN

 LBS Kreis: Saale-Orla-Kreis
Bundesland: Thüringen

Die Ardesia Therme erwartet seit 2002 Besucher unter dem Motto „Moor-Wasser-Licht". Die Therme ist eine einzigartige Wellnesswelt mit großzügigen Bade- und Saunalandschaften. Außerdem gibt es dort die in Thüringen einzigartige „Moorsauna".

LUCKAU

LC Kreis: Dahme-Spreewald
Bundesland: Brandenburg

Der Bäckermeister René Klinkmüller aus Luckau ist bis über die Grenzen des Spreewaldes bekannt. Besonders beliebt sind seine außergewöhnlichen Torten und sein preisgekrönter Weihnachtsstollen, den es in 11 verschiedenen Sorten gibt.

LANDAU

 LD Stadt Landau in der Pfalz
Bundesland: Rheinland-Pfalz

Der Landauer Zoo liegt in unmittelbarer Nähe zu der Innenstadt und wird deshalb auch oft als Oase der Stadt bezeichnet. Eine Besonderheit sind die Madagaskar-Schienenschildkröten und die Sibirischen Tiger.

DAHME-SPREEWALD

 LDS Kreis: Dahme-Spreewald
Bundesland: Brandenburg

Die Wasserläufe im Spreewald haben eine Länge von ca. 1000 km, von denen 250 km mit dem Boot befahren werden dürfen. Besonders beliebt sind Rundfahrten mit den traditionellen Spreewaldkähnen.

LEER

 LER Kreis: Leer
Bundesland: Niedersachsen

Das Leeraner Miniaturland präsentiert den Besuchern viele Sehenswürdigkeiten der Region Ostfriesland. Eine Vielzahl der Modelle kann der Besucher selbst steuern, wie z. B. die Garteneisenbahn – ein Höhepunkt für Groß und Klein.

LAHN-DILL-KREIS

 LDK Kreis: Lahn-Dill-Kreis
Bundesland: Hessen

Das Schloss Braunfels blickt von einer felsigen Bergspitze, wie eine Ritterburg aus dem Märchenbuch, auf das kleine Städtchen Braunfels. Das Bauwerk ist fast 800 Jahre alt, wurde aber schon sehr oft um- und ausgebaut.

LEONBERG

 LEO Kreis: Böblingen
Bundesland: Baden-Württemberg

Seit über 300 Jahren wird in Leonberg der traditionelle Pferdemarkt gefeiert. Während es früher auf dem Markt hauptsächlich um den Verkauf von Pferden und anderen Tieren ging, gibt es heute auch verschiedene Unterhaltungsveranstaltungen.

LEVERKUSEN

 LEV Stadt Leverkusen
Bundesland: Nordrhein-Westfalen

Der Wasserturm von Leverkusen ist mit ca. 72 m das höchste Gebäude der Stadt Leverkusen. Der Turm gehört dem Energieversorger Leverkusen (EVL) und ist für Besichtigungen regelmäßig geöffnet.

LAUFEN (SALZACH)

 Kreis: Altötting, Berchtesgadener
Land, Traunstein
Bundesland: Bayern

Die Länderbrücke in Laufen verbindet
Deutschland mit Österreich. Sie wurde
1902/1903 erbaut und führt über die
Salzach. Da die Länderbrücke eine der
noch wenig erhaltenen Jugenstilbrücken
ist, steht sie unter Denkmalschutz.

LÜDINGHAUSEN

 Kreis: Coesfeld, Unna
Bundesland: Nordrhein-Westfalen

Den nächsten Geburtstag könnte man
auf der Burg Vischering in Lüdinghausen
feiern: mit Kuchen essen nach Mittelalterart
und ritterlichem Kräftemessen – vielleicht
bekommt man sogar einen Ritterschlag.

BAD LIEBENWERDA

 Kreis: Elbe-Elster
Bundesland: Brandenburg

Die Dauerausstellung im Kreismuseum
Bad Liebenwerda erzählt die Geschichte
des Wandermarionettentheaters. Zahlreiche
Marionetten können bestaunt werden, aber
auch Dokumente von ehemaligen reisenden
Puppenspielern.

LÜNEBURG

 Kreis: Lüneburg
Bundesland: Niedersachsen

Ein Freizeitpark wie kein anderer! Max
Arche in Amt Neuhaus ist ein Erlebnis-
bauernhof für die ganze Familie. Man kann
hier auf Heuburgen klettern, Bootsfahrten
unternehmen und ca. 100 Tiere hautnah
erleben und anfassen.

LINDAU

 Kreis: Lindau
Bundesland: Bayern

Im Landkreis Lindau kann man sich ein
Boot ausleihen oder bei einer der Schiffs-
fahrten mitmachen, z. B. auf einem über
100 Jahre alten Dampfschiff. Bevor man
das alte Schiff überhaupt sieht, kann man
schon das tiefe Schiffshorn hören.

LICHTENFELS

 Kreis: Lichtenfels
Bundesland: Bayern

Auf dem europäischen Naturerbe Main
kann man eine Kanutour machen. Während der Fahrt auf dem Fluss kann man
Eisvögel, Flussregenpfeifer, Barbe und
Prachtlibelle beobachten.

LIPPE

 LIP
Kreis: Lippe
Bundesland: Nordrhein-Westfalen

Die Adlerwarte Berlebeck im Landkreis Lippe ist ein Vogelpark, welcher zugleich eine Auffangstation für verletzte und kranke Greif- und Eulenvögel ist und aktiv für den Artenschutz bedrohter Greifvögel arbeitet.

LIMBURG

 LM
Kreis: Limburg-Weilburg
Bundesland: Hessen

Im Tiergarten Weilburg leben 22 verschiedene Tierarten. Man kann heimische und ehemals heimische Wildtiere hier beobachten, wie zum Beispiel Braunbären, welche seit 1835 hier nicht mehr in freier Wildbahn zu finden sind.

LÖRRACH

 LÖ
Kreis: Lörrach
Bundesland: Baden-Württemberg

In dem 4000 m^2 großen Okidoki-Kinderland Lörrach gibt es einige Attraktionen zu entdecken: Eine Riesenröhrenrutschbahn, ein Spielturm, ein Kletter-Leuchtturm und noch vieles mehr laden die Kleinen zum Spielen ein.

LANDSBERG AM LECH

 LL
Kreis: Landsberg am Lech
Bundesland: Bayern

Seit 1647 gibt es das Ruethenfest in Landsberg am Lech. Das Fest entstand durch den Brauch, dass Lehrer mit ihren Schülern im Frühling vor die Tore der Stadt zogen, um „Ruten" zu brechen.

LÜBBEN

 LN
Kreis: Dahme-Spreewald
Bundesland: Brandenburg

Ein Wettschwimmen kann man fast überall machen, aber ein Wettschwimmen mit einem Pinguin? So etwas gibt es nur in Lübben. Durch eine 15,5 m lange Scheibe sind die Becken voneinander getrennt.

LÖBAU

 LÖB
Kreis: Görlitz
Bundesland: Sachsen

Auf dem Löbauer Berg steht der König-Friedrich-August-Turm. Er ist der einzige noch erhaltene gusseiserne Aussichtsturm in Europa und der älteste überhaupt. Die Aussicht kann man erst nach dem Aufstieg über 120 Stufen genießen.

LANDKREIS ODER-SPREE

 LOS Kreis: Oder-Spree
Bundesland: Brandenburg

Im Landkreis Oder-Spree steht das „älteste Haus" der östlichen Mark Brandenburgs. Durch einen Stadtbrand wurde das Haus 1513 teilweise zerstört, wegen der noch erhaltenen Balken konnte man das restliche Haus aber wieder nachbauen.

LAHR

 LR Kreis: Ortenaukreis
Bundesland: Baden-Württemberg

Bei einer Kinderführung erfährt man Spannendes über die Geschichte, die Legenden und die einstigen Ritter der Stadt. Bei bestimmten Führungen gibt es sogar eine Köstlichkeit, die „Murre", zu probieren.

BAD LANGENSALZA

 LSZ Kreis: Unstrut-Hainich-Kreis
Bundesland: Thüringen

Unter das Pflaster der Stadt Bad Langensalza gehen – das ist mit der Erlebnisführung in den Kellern unter der Stadt möglich. Hier können u.a. die Keller der ehemaligen Ratsherren, Hufschmiede und Braumeister entdeckt werden.

LIPPSTADT

 LP Kreis: Soest
Bundesland: Nordrhein-Westfalen

„Im Grünen Winkel" und „Entlang der Lippe" heißen die Lichtpromenaden-Führungen in der Stadt Lippstadt. Gerüstet mit einer Taschenlampe können Kinder ab 8 Jahren die Stadt im Dunklen entdecken.

LANDKREIS ROSTOCK

 LRO Kreis: Rostock
Bundesland: Meckl.-Vorpommern

Einen Orang-Utan-Kindergarten, ein Polarium, in dem die beeindruckenden Eisbären beobachtet werden können, oder ein Darwineum, wo man alles über die Entstehung des Lebens erfährt – das alles bietet der Rostocker Zoo.

LUDWIGSHAFEN

 LU Stadt Ludwigshafen am Rhein
Bundesland: Rheinland-Pfalz

Der TV-Star Daniela Katzenberger wurde 1986 in Ludwigshafen am Rhein geboren. Sie erhielt 2002 ihre Mittlere Reife an der Kopernikus-Realschule in Ludwigshafen und beendete 2004 ihre Ausbildung als Kosmetikerin.

LÜNEN

 LÜN Kreis: Unna
Bundesland: Nordrhein-Westfalen

Was ist eigentlich Discgolf? In der Stadt Lünen kann man diese Sportart spielen. Der Spieler muss die Disc werfen und an der Stelle, an der sie landet, muss der Spieler nun seinen Golfball ins Loch spielen.

LUDWIGSLUST

 LWL Kreis: Ludwigslust-Parchim
Bundesland: Meckl.-Vorpommern

Mit Informationen aus der „Entdecker-Routen-App" können Besucher der Stadt Ludwigslust durch historische Plätze und zauberhafte Landschaften geführt werden. Die Routen können zu Fuß oder mit dem Fahrrad genossen werden.

MANNHEIM

 MA Stadt Mannheim
Bundesland: Baden-Württemberg

Die Parkanlage um den Wasserturm ist ein beliebter Treffpunkt: Hier finden im Sommer bunt beleuchtete Wasserspiele statt und im Winter kann man auf dem Mannheimer Weihnachtsmarkt die vorweihnachtliche Stimmung genießen.

LUDWIGSLUST-PARCHIM

 LUP Kreis: Ludwigslust-Parchim
Bundesland: Meckl.-Vorpommern

1986 begann Maik Klokow im Landkreis Ludwigslust-Parchim seine Theaterkarriere. Er machte dort seine Ausbildung zum Bühnenmeister. Heute ist er ein deutscher Musical- und Theaterproduzent und leitet große Musical-Produktionen.

MÜNCHEN

 M Stadt München
Bundesland: Bayern

In der bayrischen Landeshauptstadt feiern Einheimische und Millionen von Besuchern jedes Jahr das größte Volksfest der Welt: das Oktoberfest. Hier gibt es unzählige Attraktionen, Veranstaltungen sowie Essen und Trinken für Groß und Klein.

MARIENBERG

 MAB Kreis: Erzgebirgskreis
Bundesland: Sachsen

Die Stadt im Erzgebirge liegt im Zentrum eines einst bedeutenden Bergbaugebiets. Von der schweren Arbeit der Bergleute kann man sich heute noch in Schaubergwerken ein Bild machen.

MAINBURG

 MAI Kreis: Kehlheim, Landshut
Bundesland: Bayern

Die Kleinstadt liegt an der Deutschen Hopfenstraße, inmitten eines riesigen Hopfenanbaugebiets. Hopfen wächst an bis zu 8 m hohen Gerüsten und wird vor allem zum Bierbrauen verwendet.

MALLERSDORF

 **MAL** Kreis: Landshut
Bundesland: Bayern

Im nahegelegenen Kloster Mallersdorf leben die „Mallersdorfer Schwestern", die hier eine Schule und eine Brauerei betreiben. Die hiesige Braumeisterin ist eine der wenigen weiblichen Braumeister in Deutschland.

MALCHIN

 MC Kreis: Mecklenburgische Seenplatte
Bundesland: Meckl.-Vorpomm.

Die der Stadt nächstgelegenen Seen sind der Malchiner See und der Kummerower See, beides beliebte Ziele mit touristischen Einrichtungen. Den Kummerower See kann man auf einem der Ausflugsschiffe befahren.

MARKTREDWITZ

 **MAK** Kreis: Wunsiedel im Fichtelgebirge
Bundesland: Bayern

Die Stadt liegt im Fichtelgebirge im Nordosten Bayerns, nahe der Grenze zu Tschechien. Hier kann man bei einer Stadtführung mit dem Nachtwächter erfahren, wo früher einmal die Gespenster ihr Unwesen trieben.

MIESBACH

 MB Kreis: Miesbach
Bundesland: Bayern

Die Innenstadt Miesbachs ist terrassenförmig auf drei Ebenen gebaut. Dadurch ist die Altstadt mit einem oberen und einem unteren Markt besonders reizvoll. Bekannt wurde die Stadt auch durch die „Miesbacher Tracht".

MAGDEBURG

 MD Stadt Magdeburg
Bundesland: Sachsen-Anhalt

Eines der vielen sehenswerten Bauwerke ist die „Grüne Zitadelle". Das ungewöhnliche Geschäfts- und Wohnhaus ist eines der interessantesten und zugleich das letzte Projekt des Künstlers Friedensreich Hundertwasser.

METTMANN

 ME Kreis: Mettmann
Bundesland: Nordrhein-Westfalen

Die nordrhein-westfälische Kreisstadt mit dem ungewöhnlichen Namen ist der Fundort eines der wichtigsten Zeugnisse der Menschheit: Im angrenzenden Tal wurden beim Abbau von Kalkstein die Überreste des berühmten Neandertalers gefunden.

MELSUNGEN

 MEG Kreis: Schwalm-Eder-Kreis
Bundesland: Hessen

Das charakteristische Rathaus der Stadt ist mit seinen vier markanten Ecktürmchen eine besondere Sehenswürdigkeit. Hier zeigt sich zweimal täglich das Melsunger Wahrzeichen, eine geschnitzte Holzfigur namens Bartenwetzer.

MITTL. ERZGEBIRGSKREIS

 MEK Kreis: Erzgebirgskreis
Bundesland: Sachsen

Das Erzgebirge, ein Mittelgebirge in Sachsen, lockt mit zahlreichen Sehenswürdigkeiten – von schönen Naturparks mit Gesteinsformationen und Wasserfällen über Burgen und Schlösser bis hin zum Spielzeugmuseum in Seiffen.

MELDORF

 **MED** Kreis: Dithmarschen
Bundesland: Schleswig-Holstein

Im Alten Pastorat ist eine Museumsweberei untergebracht. Hier wird an historischen Webstühlen aus dem 19. Jahrhundert gearbeitet. Deren Funktionsweise geht auf den französischen Erfinder Jacquard zurück.

MEISSEN

 MEI Kreis: Meißen
Bundesland: Sachsen

Aus der sächsischen Stadt kommt das berühmteste Porzellan Deutschlands, das der Staatlichen Porzellan-Manufaktur Meissen GmbH. Im benachbarten Porzellan-Museum kann man in einer Schauwerkstatt die Entstehung nachverfolgen.

MELLE

 MEL Kreis: Osnabrück
Bundesland: Niedersachsen

Auf 3000 m^2 Fläche zeigt das Automuseum Melle ca. 300 Fahrzeuge aus verschiedenen Epochen. Die Ausstellungsstücke werden regelmäßig ausgetauscht und es gibt häufige Sonderausstellungen.

MERSEBURG

 MER
Kreis: Saalekreis
Bundesland: Sachsen-Anhalt

Wer eine Vorliebe für Zaubereien hat, sollte unbedingt den Dom besuchen. Hier sind die Merseburger Zaubersprüche ausgestellt, zwei Zauberformeln, die angeblich die Fesseln von Gefangenen lösen und einen verrenkten Pferdefuß heilen sollen.

MELLRICHSTADT

 MET
Kreis: Rhön-Grabfeld
Bundesland: Bayern

Die Kleinstadt liegt in der Rhön, der Heimat des Rhönschafs. Der Bestand der Schafe mit dem typisch schwarzen Kopf ist leider stark zurückgegangen und sie gelten als gefährdete Rasse. Man trifft sie heute vor allem in Freilandmuseen an.

MÖNCHENGLADBACH

 MG
Stadt Möchengladbach
Bundesland: Nordrhein-Westfalen

Die meisten Deutschen denken bei dem Namen Mönchengladbach zuerst an den berühmten Fußballverein Borussia Mönchengladbach. Spielerlegenden wie Günther Netzer und Jupp Heynkes verhalfen der Stadt zu europaweiter Bekanntheit.

BAD MERGENTHEIM

 MGH
Kreis: Main-Tauber-Kreis
Bundesland: Baden-Württemberg

Im Wildpark Bad Mergentheim leben mehr als 70 Tierarten: Neben Elchen oder Wildkatzen begegnet man hier auch dem größten Wolfsrudel Europas mit bis zu 30 Tieren. Durch die Gestaltung der Anlage kommt man den Tieren sehr nah.

MEININGEN

 MGN
Kreis: Schmalkalden-Meiningen
Bundesland: Thüringen

Die Stadt in Thüringen war früher ein kulturelles Zentrum mit bekannten Schauspielern, Musikern und Dichtern. Eine sehr schmackhafte Berühmtheit sind die Thüringer Klöße, die angeblich in einem Meininger Gasthaus erfunden wurden.

MÜLHEIM AN DER RUHR

 MH
Stadt Mülheim an der Ruhr
Bundesland: Nordrhein-Westfalen

In einem ehemaligen Wasserturm befindet sich die größte begehbare Camera Obscura der Welt. Hier kann man hautnah erleben, wie eine Lochkamera funktioniert und erfährt alles darüber, wie die Bilder laufen lernten.

MÜHLHAUSEN

 MHL
Kreis: Unstrut-Hainich-Kreis
Bundesland: Thüringen

Eine 12 m hohe und ca. 60 Jahre alte Kaiserlinde steht neben einem 5 Tonnen schweren Basaltblock, in der Mitte von Deutschland. 1990 maßen und bestimmten Dr. Fingen und Dr. Fröge die geographischen Koordinaten dieses Punkts.

MILTENBERG

 MIL
Kreis: Miltenberg
Bundesland: Bayern

Die mittelalterliche Fachwerkstadt liegt idyllisch eingebettet zwischen Main und Spessart. In der Mildenburg, die über der Stadt thront, findet alljährlich im Sommer ein Freilichttheater in unvergleichlicher Atmosphäre statt.

MINDEN

 MI
Kreis: Minden-Lübbecke
Bundesland: Nordrhein-Westfalen

In der Stadt an der Weser gibt es das Wasserstraßenkreuz. Hier führt der Mittellandkanal über den 13 m tiefer liegenden Fluss. Man kann hier also Schiffe beobachten, die sich in unterschiedlicher Höhe auf dem Wasser kreuzen.

MÄRKISCHER KREIS

 MK
Kreis: Märkischer Kreis
Bundesland: Nordrhein-Westfalen

Gleich mehrere Tropfsteinhöhlen laden dazu ein, in die Unterwelt abzutauchen. Besonders interessant sind die Balver Höhle, in der sogar Konzerte stattfinden, und die Dechenhöhle in Iserlohn mit dem Deutschen Höhlenmuseum.

MAIN-KINZIG-KREIS

 MKK
Kreis: Main-Kinzig-Kreis
Bundesland: Hessen

Im Main-Kinzig-Kreis findet man den Erlebnispark Steinau. Neben vielen Attraktionen wie eine Parkbahn, eine Pendelbahn und ein Kettenfliegerkarussell gibt es auch tierische Parkbewohner.

MANSFELDER LAND

 ML
Kreis: Mansfeld-Südharz
Bundesland: Sachsen-Anhalt

Im Mansfelder Land kann man wie ein Blitz durch die Landschaft fahren: Nach einer kurzen Einweisung in den „Harzer Hexenblitz" kann man mit einem Zweirad mit Elektroantrieb an verschiedenen Touren teilnehmen.

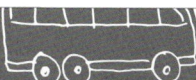

MEMMINGEN

 MM
Stadt Memmingen
Bundesland: Bayern

„Allgäu Escape" in Memmingen lässt das Herz von Rätselfreunden höher schlagen. Besucher werden in einen der Themenräume „eingeschlossen" und haben 60 Minuten Zeit, den Weg zur Freiheit durch die Lösung von Rätseln zu finden.

MOERS

 MO
Kreis: Wesel
Bundesland: Nordrhein-Westfalen

Das weltweit größte Montankunstwerk „Geleucht" von Otto Piene steht über der Stadt Moers. Die überdimensionale Grubenlampe dient als imposante Landmarke mit einer Höhe von 122,60 m.

MÄRKISCH-ODERLAND

 MOL
Kreis: Märkisch-Oderland
Bundesland: Brandenburg

Im Museumpark Rüdersdorf werden verschiedene Führungen angeboten. In einer geologischen Führung bekommt man interessante Informationen und kann selbst versteinerte Tiere des einstigen Trias-Meeres finden und erforschen.

MINDELHEIM

 MN
Kreis: Unterallgäu
Bundesland: Bayern

Mehr als 60 Attraktionen gibt es im Allgäu Skyline Park, z. B. die Baustellenfahrt, den Sky Twister, das Sky Wheel, die Geisterbahn, ein Velodrom oder einen Hochseilgarten für die ganze Familie.

MARKTOBERDORF

 MOD
Kreis: Ostallgäu
Bundesland: Bayern

In Marktoberdorf befindet sich der Waldseilgarten „Klette am Ette". Dieser bietet 11 Parcours in unterschiedlichen Schwierigkeitsstufen für jede Altergruppe. Zu Beginn kämpft man sich vom Boden bis in eine Höhe von 12 m.

MONSCHAU

 MON
Kreis: Aachen, Düren
Bundesland: Nordrhein-Westfalen

Erleben, erfahren und begreifen kann man im Erlebnismuseum Lernort Natur in der Stadt Monschau. 100 Präparate auf 200 m² entführen die Besucher in die Natur, wie sie einst war und wie sie heute noch ist.

MOSBACH

Kreis: Neckar-Odenwald-Kreis
Bundesland: Baden-Württemberg

Karlheinz Helmut Förster wurde 1958 in Mosbach geboren. Er ist ein ehemaliger deutscher Fußballspieler und gewann mit der Mannschaft 1980 in Rom den Europatitel für Deutschland.

MARBURG

Kreis: Marburg-Biedenkopf
Bundesland: Hessen

Wandern in Marburg ist schön, wird aber noch besser mit einem gutmütigen, intelligenten und neugierigen Begleiter – einem Alpaka. Die entspannende Wanderung soll den Besuchern helfen, Hektik und Lärm aus dem Alltag zu vergessen.

MERSEBURG-QUERFURT

Kreis: Saalekreis
Bundesland: Sachsen-Anhalt

Im Saalekreis findet man die Burg Querfurt, welche auch als Filmburg bekannt ist. Die Burg ist ein Drehort von vielen Filmszenen, wie zum Beispiel in Til Schweigers Film „1 ½ Ritter – Auf der Suche nach der hinreißenden Herzelinde".

MÜNSTER

Stadt Münster
Bundesland: Nordrhein-Westfalen

Die größte Kirmes im Münsterland zieht alljährlich mehr als eine Million Besucher an. 210 Schaustellerbetriebe bieten auf dem ca. 32 000 m² großen Festplatz Unterhaltung für alle, vom Kinderkarussell bis hin zum Riesenrad.

MECKLENB.-SEENPLATTE

Kreis: Mecklenburgische-Seenplatte
Bundesland: Meckl.-Vorpommern

1117 natürliche Seen gibt es auf der Mecklenburgische Seenplatte, Europas größtem Binnenrevier. Kein Wunder, dass man hier eine schwimmende Ferienwohnung bekommt oder ein Hausboot, von dem aus man das Wasser erleben kann.

MANSFELD-SÜDHARZ

Kreis: Mansfeld-Südharz
Bundesland: Sachsen-Anhalt

Wer wollte denn nicht schon einmal selbst Lokführer sein? Mit dem Programm „Amateurlokführer" kann man auf dem Führerstand stehen und die Lokomotive in Bewegung setzen.

MAIN-SPESSART

 MSP Kreis: Main-Spessart
Bundesland: Bayern

Die Burg der Pfadfinder und Pfadfinderinnen liegt im Landkreis Main-Spessart. In der Burg Rieneck gibt es einen Hochseilgarten mit einer Riesenschaukel und der Pfahl des Vertrauens kann nur mit gutem Teamwork geschafft werden.

MECKLENBURG-STRELITZ

 MST Kreis: Mecklenburgische Seenplatte
Bundesland: Meckl.-Vorpommern

Charly Hübner ist ein deutscher Schauspieler und Regisseur und wurde 1972 in Neustrelitz geboren. Er spielte in Filmen wie „Bibi & Tina" und „Die drei Räuber" mit und sprach im Film „Asterix im Land der Götter" den beliebten Gallier Obelix.

MAIN-TAUNUS-KREIS

 MTK Kreis: Main-Taunus-Kreis
Bundesland: Hessen

1956 wurde der Opel-Zoo gegründet. Er ist neben dem Frankfurter Zoo der zweitgrößte zoologische Garten im Rhein-Main-Gebiet. Der Zoo unterstützt den Artenschutz und möchte die biologische Vielfalt erhalten.

MULDENTAL

 MTL Kreis: Leipzig
Bundesland: Sachsen

Muldental wurde nach seinem Hauptfluss benannt. Die Mulde ist ein Nebenfluss der Elbe. Die Landschaft kann man mit der Muldentalbahn oder auf dem Muldentalradwanderweg genießen.

MÜHLDORF

 MÜ Kreis: Mühldorf am Inn
Bundesland: Bayern

Das Rathaus von Mühldorf besitzt eine unveränderte Hexenkammer von 1749. Ein Blick auf die historischen Dokumente des letzten Hexenprozesses gehört zu jeder Stadtführung durch Mühldorf einfach dazu.

MÜNCHBERG

 MÜB Kreis: Bayreuth, Hof
Bundesland: Bayern

In Münchberg findet man viele Möglichkeiten, um die Sportart Skaten auszuüben. Ein Funpark und eine Skate-Bahn ermöglichen es den Sportlern, neue Tricks auszuprobieren oder zu üben.

MÜRITZ

 Kreis: Mecklenburgische-Seenplatte
Bundesland: Meckl.-Vorpommern

Das größte Bärenschutzzentrum in West-
europa liegt in Müritz. Im Bärenwald Müritz
haben Bären aus einer nichtartgerechten
Haltung ein besseres Zuhause bekommen.
Besucher können hier alles über die Bären
erfahren.

MAYEN

 Kreis: Mayen-Koblenz
Bundesland: Rheinland-Pfalz

Zwischen Ende Mai und Ende August
kommen rund 30 000 Zuschauer in die
Stadt Mayen, welche die Burgfestspiele
Mayen veranstaltet. Zwei Spielstätten und
120 Veranstaltungen sorgen für die Unterhaltung der Besucher.

MAINZ

 Stadt/Kreis: Mainz/Mainz-Bingen
Bundesland: Rheinland-Pfalz

In Mainz gibt es das älteste Druck- und
Schriftmuseum der Welt, das Gutenberg-
museum. Die Hauptattraktion sind mehrere
Ausgaben der Gutenbergbibel, dem ältesten
Buch.

MITTWEIDA

 Kreis: Mittelsachsen
Bundesland: Sachsen

Mittelsachsen hat neben Schlössern,
Burgen und Museen auch Theater zu
bieten. In Mittweida gibt es neben dem
Heimatsmuseum auch ein privates Raum-
fahrtmuseum zu besichtigen.

MAYEN-KOBLENZ

 Kreis: Mayen-Koblenz
Bundesland: Rheinland-Pfalz

27 vulkanologische und kulturhisto-
rische Stationen können im Vulkanpark
angesteuert werden. 30 m unterhalb der
Erde finden Besucher den Lavakeller und
ein unterirdisches Labyrinth in einem
erkalteten Lavastrom.

MERZIG

 Kreis: Merzig-Wadern
Bundesland: Saarland

Die Gemeinde Losheim am See bietet für
Besucher eine Minigolfanlage am Stausee.
Beim Minigolfspielen kann man seine
Geschicklichkeit und Treffsicherheit auf die
Probe stellen und verbessern.

NÜRNBERG

Stadt Nürnberg
Bundesland: Bayern

Auf der Kaiserburg kann man sich auf eine Zeitreise ins Mittelalter begeben und auf den Spuren von mutigen Rittern, Königen und schönen Prinzessinnen zu wandeln. Ein aufregendes Ritterturnier bildet den krönenden Abschluss.

NAILA

Kreis: Hof
Bundesland: Bayern

Im Froschgrüner Park in Naila heißt es sonntags „Volle Fahrt voraus!". Hier kann man nämlich mit Miniaturzügen und Loks eine gemütliche Runde um den Froschgrüner Teich drehen. Das Beste: Die Fahrten sind gratis!

NEUBRANDENBURG

Stadt Neubrandenburg
Bundesland: Meckl.-Vorpommern

Der Aussichtspunkt Belvedere ist ideal, um einen Panoramablick auf die Innenstadt Neubrandenburgs und den Tollensesee, ein bekanntes Urlaubsgebiet der Mecklenburgischen Seenplatte, zu genießen.

NABBURG

Kreis: Amberg-Sulzbach, Schwandorf
Bundesland: Bayern

Im Kern der historischen Altstadt befindet sich die Stadtpfarrkirche St. Johannes der Täufer. Sie ist das Symbol Nabburgs und ziert die Skyline des beschaulichen Ortes. Besonders der Altar der gotischen Dorfkirche ist einen Besuch wert.

NAUEN

Kreis: Havelland
Bundesland: Brandenburg

Wer an Nauen vorbeikommt, sollte auf jeden Fall einen kleinen Stop am Schloss Ribbeck einlegen. Die imposante Schlossanlage mit integriertem Museum und wunderschönem Schlossgarten ist nicht nur für Geschichtsfans eine Reise wert.

NEUBURG AN DER DONAU

Kreis: Neuburg-Schrobenhausen
Bundesland: Bayern

Für Fans von prunkvollen Kirchen ist die Hofkirche in Neuburg ein absolutes Muss. Der aufwendig gestaltete Innenraum mit Stuck und Goldverzierungen ist ein barockes Meisterwerk.

NORDHAUSEN

 NDH
Kreis: Nordhausen
Bundesland: Thüringen

Nordhausen wird auch als Rolandstadt bezeichnet. Der Grund: Die Rolandstatue vor dem Rathaus. Sie ist eine Verkörperung für Freiheit, Macht und Gerechtigkeit. Im Mittelalter fanden direkt vor der Statue Gerichtsverhandlungen statt.

NEUSTADT AN DER AISCH

 NEA
Kreis: Neustadt a. d. Aisch
Bundesland: Bayern

Der Geißbock gilt als Wahrzeichen von Neustadt. Jeden Tag um die Mittagszeit dreht er in Form einer lebensgroßen Figur laut meckernd und hüpfend seine Runde auf dem Turm des Neustädter Rathauses. Das sieht man auch nicht alle Tage.

NEUSS

 NE
Kreis: Rhein-Kreis Neuss
Bundesland: Nordrhein-Westfalen

Das Quirinus-Münster ist eine der bedeutendsten spätromanischen Kirchen am Niederrhein. Das Neusser Wahrzeichen ist eine von zwölf Kirchen im Erzbistum Köln, die den Ehrentitel Basilica minor (kleinere Basilika) tragen.

NEBRA

 NEB
Kreis: Burgenlandkreis
Bundesland: Sachsen-Anhalt

In Nebra kann man lernen, wie der Honig auf unserem Frühstücksbrot eigentlich entsteht. Im Bienenlehrgarten bekommen Besucher auf verschiedenen Stationen Einblicke in die Imkerei und können die Bienen bei ihrer Arbeit beobachten.

NEUSTADT BEI COBURG

 NEC
Stadt/Kreis: Coburg
Bundesland: Bayern

Die „Bayerische Puppenstadt", wie man die Region auch nennt, veranstaltet das größte Festival für antike und moderne Puppen. Auch Teddybären, Hummelfiguren und viele weitere Spielzeuge gibt es dort zu bestaunen.

NEUNBURG VORM WALD

 NEN
Kreis: Schwandorf
Bundesland: Bayern

Die historische Altstadt Neunburgs ist auf jeden Fall eine Reise wert. Highlight ist die wunderschöne Schlossanlage, die heute eine Musikschule, ein Museum und den Schlosssaal beheimatet.

BAD NEUSTADT A. D. SAALE

 Kreis: Rhön-Grabfeld
Bundesland: Bayern

Das Wahrzeichen von Bad Neustadt ist das 34 m hohe Hohntor. Das Tor führt geradewegs in die Innenstadt, die ihre Besucher mit drei prunkvollen Barockbauten begrüßt, u. a. das alte Amtshaus.

NORDFRIESLAND

 Kreis: Nordfriesland
Bundesland: Schleswig-Holstein

Einer der berühmtesten Nordfriesen war ohne Zweifel Theodor Storm. Als Schriftsteller, Lyriker und Autor von Novellen und Prosa prägte er den deutschen Realismus. Zwei seiner bekanntesten Werke sind „Die Stadt" und „Immensee".

NIENBURG

 Kreis: Nienburg/Weser
Bundesland: Niedersachsen

In der Stadt an der Weser kann man Geschichte hautnah erleben. Der sogenannte Nachtwächter nimmt Besucher mit auf einen Rundgang durch die Nienburger Altstadt und erzählt von der spannenden Geschichte der Stadt.

NEUSTADT A. D. WALDNAAB

 Kreis: Neustadt a. d. Waldnaab
Bundesland: Bayern

Das Stadtmuseum in Neustadt begeistert sowohl Einheimische als auch Besucher. In dem ehemaligen Schulgebäude kann man allerlei Wissenswertes über das Glas-Handwerk, Schätze aus Bürgerhäusern, Kirchen und die Stadtgeschichte erfahren.

NEUHAUS AM RENNWEG

 Kreis: Sonneberg
Bundesland: Thüringen

Neuhaus hat eine sehr große Handwerks-tradition in den Bereichen Glas, Porzellan und Schiefer. Liebevolle Andenken, wie z. B. handbemalte Christbaumkugeln, kann man hier bei diversen Manufakturen erwerben.

NEUNKIRCHEN

 Kreis: Neunkirchen
Bundesland: Saarland

Die romanische Stadtpfarrkirche St. Marien ist einen Ausflug wert. Die Fassade mit mehreren Türmen, einem Rosetten-fenster sowie der Mariensäule aus Eisenguss auf dem Vorplatz bietet ein tolles Fotomotiv.

NEUMARKT

 NM | Kreis: Neumarkt i. d. Oberpfalz
Bundesland: Bayern

Die Burgruine Wolfstein kann ganzjährig besichtigt werden und an Sonntagen werden Führungen angeboten – die einmalige Möglichkeit, den 22 m hohen Bergfried zu betreten und die Aussicht über Neumarkt und seine Umgebung zu genießen.

NAUMBURG (SAALE)

 NMB | Kreis: Burgenlandkreis
Bundesland: Sachsen-Anhalt

Der Naumburger Dom St. Peter und Paul stammt größtenteils aus der ersten Hälfte des 13. Jahrhunderts. Als eines der bedeutendsten Bauwerke der Spätromanik in Sachsen-Anhalt, ist er seit 2018 UNESCO-Weltkulturerbe.

NEUMÜNSTER

 NMS | Stadt Neumünster
Bundesland: Schleswig-Holstein

Im Tierpark Neumünster kann man rund 700 verschiedene Tiere – darunter Säugetier-, Vogel- und Reptilienarten – bestaunen. Die große Attraktion ist Vitus, Deutschlands größter Eisbär.

NORDHORN

 NOH | Kreis: Grafschaft Bentheim
Bundesland: Niedersachsen

Zentral am Marktplatz gelegen, befindet sich die wohl bekannteste Kirche Nordhorns. Sie wird auch „Kirche im Grünen" genannt. Mit einer Höhe von 70 m ist der Kirchturm eine tolle Aussichtsplattform.

NÖRDLINGEN

 NÖ | Kreis: Donau-Ries
Bundesland: Bayern

Eisenbahn zum Anfassen, das gibt es in Nördlingen und zwar auf den Anlagen und in den Werkstätten des Bayerischen Eisenbahnmuseums. Über 100 Originalfahrzeuge sind hier ausgestellt.

NIEDERSCHL. OBERLAUSITZ

 NOL | Kreis: Görlitz
Bundesland: Sachsen

Wer an der Niederschlesischen Oberlausitz vorbeikommt, kann einen Zwischenstopp in der Stadt Kamenz einlegen. Hier befindet sich nämlich das Lessing-Museum. Leseratten erfahren hier viel Interessantes über den Dichter und seine Werke.

NORTHEIM

 Kreis: Northeim
Bundesland: Niedersachsen

In Nordheim gibt es ein absolut außerge-
wöhnliches Haus zu sehen – das Theater
der Nacht. Von außen beeindruckt es mit
einer drachenähnlichen Fassade, von
innen mit fantasievollem Puppentheater.

NEURUPPIN

 Kreis: Ostprignitz-Ruppin
Bundesland: Brandenburg

Die Klosterkirche Sankt Trinitatis ist die
größte Kirche in Neuruppin. Direkt am
Ruppiner See und der Altstadt gelegen,
ragt das Wahrzeichen der Stadt mit seinen
markanten Glockentürmen aus der male-
rischen Kulisse Neuruppins heraus.

NÜRTINGEN

 Kreis: Esslingen
Bundesland: Baden-Württemberg

Im Sommer kann man mit den Nürtingern
gemeinsam das Neckarfest feiern. Mit
Live-Musik, leckerem Essen und sportlichen
Aktionen, wie Paddeln auf dem Neckar
oder dem Abseilen vom Kirchturm, ist das
Fest am Fluss ein großer Spaß.

NORDEN

 Kreis: Aurich
Bundesland: Niedersachsen

Die Seehundstation im Ortsteil Norddeich
ist eines der Highlights von Norden. Hier
erfährt man viel Spannendes über Seehunde, Kegelrobben und andere Meeres-
säuger im Wattenmeer.

NEUWIED

 Kreis: Neuwied
Bundesland: Rheinland-Pfalz

Der Hochwasserschutzdeich Neuwied
schützt bis heute die im Neuwieder Becken
niedrig liegende Stadt vor eventuellem
Hochwasser. Der Deich ist ca. 7,5 km lang
und besteht zum Teil aus einer massiven
Deichmauer.

NEU-ULM

 Kreis: Neu-Ulm
Bundesland: Bayern

Ein absolutes Muss für Tierfans ist der
Tiergarten Ulm. Hier kann man z. B. unter
einem gläsernen Tunnel die Unterwasserwelt der Donau bestaunen. Außerdem gibt
es dort insgesamt fast 2000 verschiedene
Tiere.

NORDVORPOMMERN

 NVP Kreis: Vorpommern-Rügen
Bundesland: Meckl.-Vorpomm.

Auch in Nordvorpommern kann man Tiere erleben – und zwar im Vogelpark Marlow. In der 22 Hektar großen Parkanlage gibt es Vögel aus aller Welt zu sehen. Mit täglichen Flugshows und Spielwelten begeistert der Park jedermann.

NEUSTADT A. D. WEINSTR.

 NW Stadt Neustadt a. d. Weinstr.
Bundesland: Rheinland-Pfalz

Alles von den Anfängen der Bibel bis heute kann man im Pfälzischen Bibelmuseum erfahren. Auch besondere Bibelausgaben wie die „Neustadter Bibel" aus dem Jahr 1594 und „Luthers letzte Hand" von 1545 sind hier ausgestellt.

NORDWESTMECKLENBURG

 **NWM** Kreis: Nordwestmecklenburg
Bundesland: Meckl.-Vorpommern

Die Kirche St. Nikolai in Wismar wurde ursprünglich als Kirche der Seefahrer und Fischer errichtet. Als Meisterwerk der Spätgotik ist sie außerdem seit 2002 auf der Liste des UNESCO-Weltkulturerbes verzeichnet.

NIESKY

 NY Kreis: Görlitz
Bundesland: Sachsen

Ob Sommer oder Winter, im Freizeitpark Niesky ist immer etwas los. Bei heißen Temperaturen erwartet Besucher ein riesiges Spaßbad mit Wasserrutschen. Ist es kalt draußen, kommen Schlittschuh- und Eishockeyfans auf ihre Kosten.

NEUSTRELITZ

 NZ Kreis: Mecklenburgische-Seenplatte
Bundesland: Meckl.-Vorpommern

Das Rathaus von Neustrelitz ist direkt im Kern der Stadt zu finden. Im Zusammenspiel mit Marktplatz und Stadtkirche bildet es das im Barockstil gestaltete Zentrum von Neustrelitz.

OBERALLGÄU

 OA Kreis: Oberallgäu
Bundesland: Bayern

In Oberstdorf kann man eine der größten Skifluganlagen der Welt erleben – die Heini-Klopfer-Skiflugschanze. In ca. 70 m Höhe erwarten Besucher zwei Aussichtsplattformen mit einem atemberaubenden 360-Grad-Blick.

OSTALLGÄU

 Kreis: Ostallgäu
Bundesland: Bayern

In Kaufbeuren gibt es das Tänzelfest, Bayerns ältestes Kinderfest. Jedes Jahr am vorletzten Wochenende vor den Sommerferien feiern die Kinder die Geschichte ihrer Stadt mit vielen Aktionen und einem Umzug mit ca. 1700 Kindern.

OSTERBURG

 Kreis: Stendal
Bundesland: Sachsen-Anhalt

Mitten in Osterburg befindet sich die Landessportschule Sachsen-Anhalt. Außerdem war Osterburg 2006 auch Austragungsort der Fußball-Weltmeisterschaft für Menschen mit geistiger Behinderung.

OCHSENFURT

 Kreis: Würzburg
Bundesland: Bayern

Ochsenfurt besticht durch seine historische Altstadt, deren Bild hauptsächlich durch viele Türme geprägt ist. Beispielsweise der dicke Turm, der früher als Pulvermagazin-Lager diente.

OBERHAUSEN

 Stadt Oberhausen
Bundesland: Nordrhein-Westfalen

Die Burg Vondern im Stadtteil Vonderort war früher eine Wasserburg, jedoch sind die Gräben mittlerweile ausgetrocknet. Heute kann man in dem Backsteinbau Ausstellungen und Konzerte besuchen und sich sogar trauen lassen.

OSCHERSLEBEN

 Kreis: Börde
Bundesland: Sachsen-Anhalt

Deutschlands nördlichste Rennstrecke, die Motorsport Arena Oschersleben, ist hier beheimatet. Neben Auto- und Motorrradrennen finden auf der Sportanlage aber auch Open-Air-Konzerte statt.

BAD OLDESLOE

 Kreis: Stormarn
Bundesland: Schleswig-Holstein

Der deutsche Designer Michael Michalsky, bekannt geworden als Juror für die Show Germany's Next Topmodel, wuchs im beschaulichen Bad Oldesloe auf. Nach dem Abitur verschlug es ihn aber in die Modemetropole London zum Studieren.

OLPE

OE — Kreis: Olpe
Bundesland: Nordrhein-Westfalen

Frank „Froonck" Matthée, der wohl bekannteste Hochzeitsplaner Deutschlands, erblickte in Olpe das Licht der Welt. 2006 wurde er mit seiner eigenen Fernsehsendung „Frank – der Weddingplaner" schlagartig berühmt.

OFFENBURG

OG — Kreis: Ortenaukreis
Bundesland: Baden-Württemberg

Das Museum im Ritterhaus zeigt auf drei Etagen eine facettenreiche Sammlung aus mehr als 10 000 Objekten, die aus der Zeit vom Mittelalter bis heute stammen – darunter archäologische Ausgrabungsstücke und stadtgeschichtliche Zeugnisse.

OSTERODE AM HARZ

OHA — Kreis: Göttingen
Bundesland: Niedersachsen

Osterode ist der Ausgangspunkt des Harzer Hexenstiegs, einem etwa 100 km langen Wanderweg. Ziel ist der Hexentanzplatz im Erholungsort Thale. Dieser Wanderweg bietet ein mehrtägiges Vergnügen mit vielen Sehenswürdigkeiten.

OFFENBACH

OF — Stadt Offenbach
Bundesland: Hessen

Wer eine Reise durch fünf verschiedene Kontinente und 6000 Jahre Ledergeschichte unternehmen möchte, ist im Ledermuseum genau richtig. Anhand von über 30 000 Exponaten wird die Herstellung und Verzierung von Leder gezeigt.

OSTHOLSTEIN

OH — Kreis: Ostholstein
Bundesland: Schleswig-Holstein

Im ehemaligen Stallbau des Eutiner Schlosses befindet sich heute das Ostholstein-Museum Eutin. Hier erfährt man Spannendes über die Geschichte Eutins und kann Landschaftsgemälde der Region bewundern.

ÖHRINGEN

ÖHR — Kreis: Hohenlohekreis
Bundesland: Baden-Württemberg

Im Mittelalter zur Sühne von Malefizverbrechen (schweren Rechtsbrüchen) genutzt, ziert der romanische Malefizturm noch heute die Stadtmauer Öhringens. Er wurde vorbildlich saniert und dient mittlerweile als Wohnhaus.

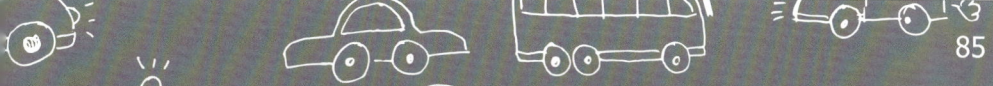

OBERHAVEL

 Kreis: Oberhavel
Bundesland: Brandenburg

Als ältestes Barockschloss ist das Schloss Oranienburg heute Sitz der Stadtverwaltung Oranienburg. Seit einer umfangreichen Sanierung beheimatet es außerdem das Schlossmuseum Oranienburg sowie das Kreismuseum Oberhavel.

OHREKREIS

 Kreis: Börde
Bundesland: Sachsen-Anhalt

Der Ohrekreis besticht unter anderem mit wunderschönen Erholungsgebieten, wie dem Naturpark Drömling. Das ehemalige Sumpfgebiet hat sich zu einem 340 km^2 großen Rückzugsgebiet für bedrohte Tier- und Pflanzenarten entwickelt.

OPLADEN

 Stadt Leverkusen
Bundesland: Nordrhein-Westfalen

Einer der Ehrenbürger von Opladen ist Julius Schnitzler. Der Unternehmer und Kreistagsabgeordnete baute mit zwei Kompagnons die Schraubenfabrik Ulenberg und Schnitzler auf und betrieb diese bis 1844.

OSTERHOLZ

 Kreis: Osterholz
Bundesland: Niedersachsen

Im Landkreis Osterholz kann man mit traditionellen Arbeitsbooten, den Torfkahnen, eine gemütliche Tour über das Teufelsmoor machen. Früher zum Transport von Torf genutzt, bieten die Kahne heute einen Spaß für die ganze Familie.

OLDENBURG

 Stadt Oldenburg
Bundesland: Niedersachsen

Klaas Heufer-Umlauf, bekannt geworden als Moderator beim Musiksender MTV und als Teil des Duos Joko und Klaas, ist in Oldenburg geboren und aufgewachsen. Weiterhin kennt man ihn auch durch TV-Formate wie Circus Halligalli.

OSTPRIGNITZ-RUPPIN

 Kreis: Ostprignitz-Ruppin
Bundesland: Brandenburg

Am Ostufer des Grienericksees befindet sich Schloss Rheinsberg. Es ist ein Paradebeispiel für den Rokkokostil und war zudem Vorbild für das Schloss Sanssouci in Potsdam, der Landeshauptstadt Brandenburgs.

OSNABRÜCK

 OS Stadt Osnabrück
Bundesland: Niedersachsen

Robin Schulz stammt aus Osnabrück. Der Erfolgs-DJ und Musikproduzent schaffte mit seinem Hit „Waves" 2013 den Durchbruch. Seitdem konnte er ganze vier Mal den ECHO gewinnen und war sogar für den Grammy nominiert.

OBERSPREEWALD-LAUSITZ

 OSL Kreis: Oberspreewald-Lausitz
Bundesland: Brandenburg

Ein Highlight dieser Region ist der Spreewald. Die einmalige Moorlandschaft begeistert mit Flussauen, Wiesen und Waldarealen. Seit 1991 ist der Spreewald sogar als Biosphärenreservat durch die UNESCO geschützt.

OBERVIECHTACH

 OVI Kreis: Schwandorf
Bundesland: Bayern

Ein bekannter Sohn der Stadt ist Johann Andreas Eisenbarth. Der Chirurg aus dem 18. Jahrhundert wurde durch seine Heilerfolge als fahrender Wundarzt berühmt. Bis heute erinnert man sich vor allem an das Trinklied „Ich bin der Doktor Eisenbarth".

OBERVOGTLAND

 OVL Kreis: Vogtlandkreis
Bundesland: Sachsen

In Klingenthal befindet sich die Vogtland-Arena – eine über die Grenzen des Obervogtlandes hinaus bekannte Skisprung-Großschanze. Bis zu 30 000 Zuschauer können hier bei internationalen Skisprung-Wettkämpfen mitfiebern.

OSTVORPOMMERN

 OVP Kreis: Ostvorpommern
Bundesland: Meckl.-Vorpommern

Der Landkreis Ostvorpommern hat seinen Verwaltungssitz in Anklam, welcher auch der Geburtsort von Matthias Schweighöfer ist. Der deutsche Schauspieler spielte in Kinofilmen wie „Zweiohrküken", „Der Schlussmacher" und „Kokowääh 2" mit.

OSCHATZ

 OZ Kreis: Nordsachsen
Bundesland: Sachsen

Mitten auf dem Marktplatz von Oschatz kann man den Marktbrunnen bestaunen. Auf einem runden Wasserkasten mit toskanischen Säulen thronen vier speiende Löwenköpfe sowie eine Löwenskulptur, die das Wappen der Stadt fest umklammert.

POTSDAM

 P Stadt Potsdam
Bundesland: Brandenburg

In Potsdam wurde vor über 100 Jahren das erste große Filmatelier gegründet. Alles über die Geschichte des Films erfahren Besucher im Filmmuseum. Es ist in einem schönen Barockgebäude untergebracht, in dem es auch ein Kino und ein Café gibt.

PASSAU

 PA Stadt Passau
Bundesland: Bayern

Passau liegt in Bayern, an der Grenze zu Österreich. Man nennt sie auch die Drei-Flüsse-Stadt, weil hier die Donau, der Inn und die Ilz zusammenfließen. Die größte Kochbuchsammlung der Welt kann man im Glasmuseum bestaunen.

PFAFFENHOFEN A. D. ILM

 PAF Kreis: Pfaffenhofen a. d. Ilm
Bundesland: Bayern

Die Kleinstadt an der Ilm veranstaltet alljährlich einen besonders reizvollen Weihnachtsmarkt: Es gibt einen Krippen-weg, ein Wichteldorf und der Lichter-kalender taucht die Häuserfassaden in bunte Farben.

PFARRKIRCHEN

 PAN Kreis: Rottal-Inn
Bundesland: Bayern

Der Pferdesport hat in Pfarrkirchen eine lange Tradition: Die Trabrennbahn ist die älteste Bayerns. Hier finden nicht nur Trabrennen, sondern auch internationale Sandbahnrennen statt.

PARSBERG

 PAR Kreis: Kehlheim
Bundesland: Bayern

Die viertgrößte Stadt im Landkreis Neu-markt liegt in einer bedeutsamen Kultur-landschaft, der Kuppenalb. Sehenswert ist im Ortsinneren vorallem die Pfarrkirche St. Andreas.

PADERBORN

 PB Stadt Paderborn
Bundesland: Nordrhein-Westfalen

Die Stadt liegt an der Pader, Deutschlands kürzestem Fluss. Eine der vielen Sehens-würdigkeiten ist der Dom mit dem be-rühmten Drei-Hasen-Fenster: Es sind drei Hasen mit je zwei Ohren zu sehen, aber insgesamt nur drei Ohren!

PARCHIM

 PCH
Kreis: Ludwigslust-Parchim
Bundesland: Meckl.-Vorpommern

Ein besonderes Schmuckstück in der historischen Altstadt ist das Backstein-Rathaus aus dem 14. Jahrhundert. Mitten durch den Stadtkern fließt die Elde, der längste Fluss in Mecklenburg-Vorpommern.

PEGNITZ

 PEG
Kreis: Bayreuth, Forchheim
Bundesland: Bayern

Die bayrische Kleinstadt war früher Treffpunkt von Prominenten: In dem Luxushotel Pflaums Posthotel gaben sich Stars wie Michael Jackson und Politiker wie Michail Gorbatschow die Klinke in die Hand. Das Hotel wurde mittlerweile abgerissen.

PINNEBERG

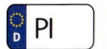 PI
Stadt Pinneberg
Bundesland: Schleswig-Holstein

In der Umgebung von Pinneberg gibt es besonders viele und traditionsreiche Baumschulen. Auch Rosen-, Stauden- und Rhododendronzüchter haben sich in großer Zahl niedergelassen und schicken ihre Produkte von hier aus in alle Welt.

PEINE

 PE
Stadt Peine
Bundesland: Niedersachsen

Peine wird oft als „Eulenstadt" bezeichnet und es gibt viele Sagen und Legenden, die von Eulen handeln. Man begegnet in der Stadt auch häufig Abbildungen von Eulen, unter anderem an den Häusern rund um den Marktplatz.

PFORZHEIM

 PF
Kreis: Enzkreis
Bundesland: Baden-Württemberg

Die Stadt am Rande des Schwarzwalds wird auch Goldstadt genannt: Hier werden zwei Drittel aller deutschen Schmuckwaren hergestellt. Außerdem gibt es hier die einzige Uhrmacherschule Deutschlands.

PIRNA

 PIR
Kreis: Sächs. Schweiz-Ostererzgeb.
Bundesland: Sachsen

Die sächsische Kleinstadt Pirna baut auf Sandstein: Zahlreiche Häuser und Skulpturen sind hier aus diesem Material geschaffen und auch für berühmte Gebäude wie die Dresdner Frauenkirche wurde Sandstein aus Sachsen verwendet.

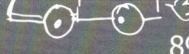

PLAUEN

 PL

Kreis: Vogtlandkreis
Bundesland: Sachsen

Seit über 200 Jahren ist Plauen für seine
Spitze und feinen Stickereien bekannt.
Die Plauener Spitze wird für Vorhänge,
Tischdecken oder Unterwäsche verwendet
und erhielt im Laufe der Jahre mehrere
Goldmedaillen für ihr Design.

POTSDAM-MITTELMARK

 PM

Kreis: Potsdam-Mittelmark
Bundesland: Brandenburg

Der Landkreis Potsdam-Mittelmark ist eine
reizvolle Landschaft, die von der Havel
und vielen Naturparks und Seen, wie z. B.
dem Schwielowsee, geprägt ist. Hier finden
Besucher vielfältige Freizeitmöglichkeiten.

PRIGNITZ

 PR

Kreis: Prignitz
Bundesland: Brandenburg

Die Region Prignitz ist ein beliebtes
Urlaubsgebiet. Vor allem bei Radfahrern
kommt das ausgezeichnete Radwegenetz
gut an: Der Elbe-Müritz-Rundweg führt
durch die schöne Landschaft der Elbe und
der Müritz.

PLÖN

 PLÖ

Stadt Plön
Bundesland: Schleswig-Holstein

Im Park des Plöner Schlosses liegt das
Prinzenhaus. Ende des 19. Jahrhunderts
wohnten hier die Söhne des Kaisers Wilhelm
II. und gingen auch hier zur Schule. Im
Schloss residiert heute das Brillenunter-
nehmen Fielmann.

PÖSSNECK

 PN

Kreis: Saale-Orla-Kreis
Bundesland: Thüringen

Pößneck blickt auf eine lange Tradition
der Schokoladenherstellung zurück. Hier
wurde 1876 die Schokoladenfabrik Berger
gegründet, die heute unter dem Namen
Berggold ihre Produkte verkauft.

PRÜM

 PRÜ

Kreis: Eifelkreis Bitburg-Prüm
Bundesland: Rheinland-Pfalz

Eine beliebte Veranstaltung in Prüm ist
der Prümer Sommer: Er beginnt mit einem
Straßenmusiker-Wettbewerb und hat unter
anderem Wettbewerbe im Bierkrugstemmen
und Baumstammsägen auf dem umfangreichen Programm.

PIRMASENS

Kreis: Südwestpfalz
Bundesland: Rheinland-Pfalz

Die Stiere sind das Wahrzeichen der Stadt. Lebensgroße Plastiktiere sind in verschiedener Ausführung im gesamten Stadtgebiet zu finden: am Schlossbrunnen, am Bahnhof, vor dem Rathaus ... Leider werden sie immer wieder beschädigt.

PASEWALK

Kreis: Vorpommern-Greifswald
Bundesland: Meckl.-Vorpommern

Neben einer mittelalterlichen Stadtmauer mit zwei erhaltenen Stadttoren ist ein weiterer Anziehungspunkt das Eisenbahnmuseum. Außer Feuerwehrfahrzeugen ist hier eine Bottichspritze aus dem Jahr 1800 zu sehen.

PRENZLAU

Kreis: Uckermack
Bundesland: Brandenburg

Prenzlau liegt in der Uckermark, einer seenreichen Region. Auf den Uckerseen lässt es sich wunderbar paddeln oder Kanu fahren. Einen Besuch wert ist auch der Prenzlauer Zoo: Hier ist die Robbenfütterung ein beliebtes Highlight.

QUEDLINBURG

Kreis: Landkreis Harz
Bundesland: Sachsen-Anhalt

Die fast 1000 Jahre alte Stadt mit den vielen Fachwerkhäusern ist UNESCO-Weltkulturerbe. Dementsprechend groß ist der Besucherandrang. Auch als Filmkulisse ist die Stadt gefragt: Hier spielt unter anderem auch der Film „Heidi".

QUERFURT

Kreis: Saalekreis
Bundesland: Sachsen-Anhalt

Die über 1000 Jahre alte Burg Querfurt gehört zu den größten mittelalterlichen Burgen Deutschlands. Sie war schon öfter der Drehort von Märchenfilmen. Hier finden auch archäologische Ausgrabungen statt, die Funde aus dem Mittelalter zutage fördern.

REGENSBURG

Stadt Regensburg
Bundesland: Bayern

Die Steinerne Brücke in Regensburg ist ein Meisterwerk der mittelalterlichen Baukunst. Sie ist außerdem eines der Wahrzeichen der Stadt und ein Grund, weshalb Regensburg in die UNESCO-Welterbeliste aufgenommen wurde.

RASTATT

 RA Stadt Rastatt
Bundesland: Baden-Württemberg

Das Residenzschloss in Rastatt gilt als eines der schönsten Barockschlösser Deutschlands. Das Schloss ist seit über 300 Jahren der Mittelpunkt der Stadt und gleicht tatsächlich dem Original des französischen Sonnenkönigs Ludwig XIV.

RENDSBURG

 RD Kreis: Rendsburg-Eckernförde
Bundesland: Schleswig-Holstein

Das Wahrzeichen und die wichtigste Sehenswürdigkeit von Rendsburg ist die Eisenbahnhochbrücke. An der Brücke befindet sich eine Schwebefähre, welche Fahrzeuge und auch Personen von Ufer zu Ufer befördert.

RECKLINGHAUSEN

 RE Stadt Recklinghausen
Bundesland: Nordrhein-Westfalen

Im Museum „Strom und Leben" in Recklinghausen gibt es vieles Wissens- und Sehenswertes rund ums Thema Elektrizität zu bestaunen. Das Umspannwerk, in dem sich das Museum befindet, versorgt heute die Region noch mit Elektroenergie.

REICHENBACH

 RC Kreis: Vogtlandkreis
Bundesland: Sachsen

Das Besucherbergwerk Alaunwerk Mühlwand wartet auf große und kleine Bewunderer der Bergwerksarbeit. Das Bergwerk war zwischen 1691 und 1827 in Betrieb und beschäftigte bis zu 30 Arbeiter. 1955 wurde es zum Naturdenkmal erklärt.

RIBNITZ-DAMGARTEN

 RDG Kreis: Vorpommern-Rügen
Bundesland: Meckl.-Vorpommern

Die schönste Bernsteinausstellung Europas findet man in Ribnitz-Damgarten. Die Ausstellung gibt einen Einblick in die Entstehung und die Förderung des „Gold des Meeres". In der Museumswerkstatt kann man Bernstein sogar selbst schleifen.

REGEN

 REG Stadt Regen
Bundesland: Bayern

In Regen gibt es Bäume aus Glas zu bestaunen. Der sogenannte „gläserne Wald" befindet sich vor der Burgruine Weissenstein. Die Bäume sind ein Kunstprojekt des Künstlers Rudi Schmid und sie sind aus buntem Flachglas gefertigt.

REHAU

 REH
Kreis: Hof, Wunschsiedel
Bundesland: Bayern

Die wohl kleinste „Europabrücke" befindet sich in Rehau. Die Brücke ist nur ein kleiner Holzsteg, der Rehau mit dem verschwundenen Dorf Mähring verbindet. Mähring wurde im zweiten Weltkrieg zerstört und nicht wieder aufgebaut.

RIESA-GROSSENHAIN

 RG
Kreis: Meißen
Bundesland: Sachsen

Wer schon immer mal wissen wollte, wie das Loch in die Makkaroni kommt, sollte das Nudelcenter in Riesa besuchen. Hier kann man hinter die Kulissen der Teigwarenproduktion schauen und erfährt neue außergewöhnliche Dinge.

RINTELN

 RI
Kreis: Schaumburg
Bundesland: Niedersachsen

In Bückeburg nahe Rinteln befindet sich das Hubschraubermuseum. Hier gibt es 50 Hubschrauber in Originalgröße zu bestaunen. Ein Höhepunkt ist der Flugsimulator, in dem man selbst einmal Hubschrauberpilot sein darf.

BAD REICHENHALL

 REI
Kreis: Berchtesgadener Land
Bundesland: Bayern

Die alte Saline in Bad Reichenhall mit ihrem Salzmuseum ist einen Besuch wert. Die Saline ist wahrscheinlich die schönste der Welt und die einzige königliche Saline, denn König Ludwig I. ließ sie 1837 erbauen.

ROTH

 RH
Stadt Roth
Bundesland: Bayern

Das Schloss Ratibor ist das Wahrzeichen der Stadt Roth. Erbaut wurde es schon 1535 von Markgraf Georg dem Frommen zu Brandenburg-Ansbach. Heute werden in dem idyllischen Schlosshof Konzerte und Veranstaltungen ausgetragen.

RIEDENBURG

 RID
Kreis: Kelheim
Bundesland: Bayern

Das Kristallmuseum in Riedenburg ist ein Ort des Zaubers und des Staunens. Hier kann man die faszinierende und farbenprächtige Welt der Kristalle erleben. Im Museumsladen kann man sich seinen eigenen kleinen Kristall kaufen.

RIESA

 RIE
Kreis: Meißen
Bundesland: Sachsen

In Riesa kann man zwei Einrichtungen auf einmal besuchen, den Tierpark und das Kloster Riesa. Das gelingt, da sich der Tierpark in dem ehemaligen Kloster von Riesa befindet. Hier kann man mehr als 50 Tierarten beobachten.

RÖBEL (MÜRITZ)

 RM
Kreis: Mecklenburgische-Seenplatte
Bundesland: Meckl.-Vorpommern

Die Müritz Therme in Röbel vereint Bade-spaß, Wellness und Fitness in einem. Die kleinen Gäste erfreut vor allem die 57 m lange Wasserrutsche. Im Wellness-bereich hingegen können sich Eltern ein bisschen vom Alltagsstress erholen.

ROSENHEIM

 RO
Stadt Rosenheim
Bundesland: Bayern

In Rosenheim spielt die berühmte deut-sche Fernsehserie „Die Rosenheim Cops". Das Polizeipräsidium der Rosenheim Cops ist in Wirklichkeit das Rosenheimer Rat-haus. Oft wird auch der Max-Josef-Platz als Drehort der Serie genutzt.

ROCHLITZ

 RL
Kreis: Mittelsachsen
Bundesland: Sachsen

Der deutsche Kugelstoßer David Storl wurde 1990 in Rochlitz geboren. Er wurde 2011 als erster Deutscher in dieser Disziplin Weltmeister. Mit 21 Jahren war er der jüngste Welt- und Europameister im Kugelstoßen.

RATHENOW

 RN
Kreis: Havelland
Bundesland: Brandenburg

Der Optikpark in Rathenow bietet viele Freizeit- und Erholungsmöglichkeiten. Besonders beliebt bei den kleinen Gästen sind der Minizoo und der Optikspielplatz. Die begehbaren Farbräume sind ein Höhe-punkt bei einem Besuch des Optikparks.

RODING

 ROD
Kreis: Cham, Schwandorf
Bundesland: Bayern

In Neubäu bei Roding kommt Urlaubs-stimmung auf: Der Badesee in Neubäu hat eine Fläche von 70 Hektar und ist ein be-liebtes Erholungsgebiet für Gäste von nah und fern. Auf dem See kann man segeln, rudern, Tretboot fahren und schwimmen.

ROTENBURG AN DER FULDA

 Kreis: Hersfeld-Rotenburg
Bundesland: Hessen

Im Heienbachtal nahe Rotenburg kann man die Natur auf eine ganz spezielle Art und Weise erleben. Auf dem Barfußpfad sammelt man auf 21 Stationen besondere Sinneseindrücke und kann eine damit verbundene Entspannung erleben.

ROTTENBURG AN DER LAABER

 Kreis: Kelheim, Landshut
Bundesland: Bayern

In Rottenburg an der Laaber befindet sich das erste niederbayerische Radiomuseum. Hier wird die Geschichte rund um den Rundfunk mit 250 Radiogeräten sicht- und hörbar gemacht.

ROCKENHAUSEN

 Kreis: Donnersbergkreis
Bundesland: Rheinland-Pfalz

Otto Rehhagel zählt zu den erfolgreichsten Fußballtrainern des deutschen Fußballs. Mit Rockenhausen wird er in Verbindung gebracht, da er 1972 hier seine Karriere als Fußballtrainer beim FV Rockenhausen begann.

ROSTOCK

 Kreis: Rostock
Bundesland: Meckl.-Vorpommern

Auf dem Neuen Markt in der Rostocker Altstadt findet jedes Jahr der größte Weihnachtsmarkt Norddeutschlands statt. Bis zu 1,5 Millionen Besucher zählt der Weihnachtsmarkt.

ROTHENBURG O. D. TAUBER

 Kreis: Ansbach
Bundesland: Bayern

Wenn man in Rothenburg ist, sollte man auf jeden Fall einmal die Stadt umrunden. Das kann man am besten auf der Stadtmauer machen. Die Stadtmauer diente im 17. Jahrhundert als Wehranlage und ist heute fast vollständig erhalten.

ROTENBURG (WÜMME)

 Stadt: Rotenburg (Wümme)
Bundesland: Niedersachsen

In Rotenburg gibt es ein Fest rund um die schmackhafte Erdknolle. Auf dem Kartoffelmarkt kann man viele Kartoffelgerichte genießen und sich von den Kochkünsten der Landfrauen von Rotenburg verwöhnen lassen.

RHEINLAND-PFALZ

 RP — Kreis: Rheinland-Pfalz-Kreis
Bundesland: Rheinland-Pfalz

Der Kletterwald in Speyer ist genau das Richtige für Abenteurer. Auf 60 000 m² warten 10 Parcours darauf, bezwungen zu werden. Kinder dürfen ab 7 Jahren selbstständig klettern, jüngere nur mit einer Aufsichtsperson.

ROSSLAU (ELBE)

 RSL — Stadt Dessau-Roßlau
Bundesland: Sachsen-Anhalt

Die Wasserburg Rosslau wurde im 12. Jahrhundert erbaut. Während Ausgrabungen auf dem Gelände wurde der „Rosslauer Treuering" gefunden. Er gilt als der älteste Ehering Deutschlands.

RUDOLSTADT

 RU — Kreis: Saalfeld-Rudolstadt
Bundesland: Thüringen

Die Heidecksburg ist das Wahrzeichen von Rudolstadt und gleichzeitig das pompöseste Barockschloss in ganz Thüringen. Vom Schloss aus hat man einen tollen Blick auf die historische Altstadt mit Bürgerhäusern aus der Renaissance.

REMSCHEID

 RS — Stadt Remscheid
Bundesland: Nordrhein-Westfalen

Das Teo-Otto-Theater ist das größte und bedeutendste der drei Theater im Stadtgebiet Remscheid. Im Theater werden verschiedene Opern, Konzerte und Musicals gespielt, bei denen 620 Personen Platz finden.

REUTLINGEN

 RT — Stadt Reutlingen
Bundesland: Baden-Württemberg

In Reutlingen gibt es laut Guinessbuch der Rekorde die engste Straße der Welt. Die Spreuerhofstraße ist an ihrer schmalsten Stelle lediglich 31 cm breit. Das Nadelöhr entstand nach dem Stadtbrand von 1726, der Reutlingen weitestgehend zerstörte.

RÜDESHEIM

 RÜD — Kreis: Rheingau-Taunus-Kreis
Bundesland: Hessen

Die wahrscheinlich bekannteste Sehenswürdigkeit in Rüdesheim ist die Drosselgasse. Sie ist 144 m lang und gerade mal 2 m breit. In der Drosselgasse trifft sich die Welt, denn hier spielt die Musik.

RÜGEN

 RÜG Kreis: Vorpommern-Rügen
Bundesland: Meckl.-Vorpommern

Das Wahrzeichen von Rügen ist die Kreideküste, mit den weißen Steilküsten, den alten Buchenwäldern und dem blauen Meer. Mit einer Höhe von 118 m ist der Königsstuhl der größte Kreidefelsen.

RAVENSBURG

 RV Stadt Ravensburg
Bundesland: Baden-Württemberg

1998 wurde das „größte Spielzimmer der Welt" eröffnet, das Ravensburger Spieleland. Im Spieleland gibt es zahlreiche Attraktionen, verschiedene Themenwelten und Events und Shows.

ROTTWEIL

 RW Stadt Rottweil
Bundesland: Baden-Württemberg

Nicht weit von Rottweil entfernt befindet sich der Ponyhof Trippel-Trappel. Hier lernen die Kinder Naturverbundenheit und die Nähe zu den Tieren. Natürlich werden auch Ausritte auf den Ponys gemacht.

RATZEBURG

 RZ Kreis: Herzogtum Lauenburg
Bundesland: Schleswig-Holstein

In der Nähe von Ratzeburg befindet sich die Eulenspiegelstadt Mölln. Ob Till Eulenspiegel hier wirklich gelebt hat oder hier im Krankenhaus gestorben ist, ist nicht gewiss. Dennoch hat der Schalk die Stadt bekannt gemacht.

STUTTGART

 S Stadt Stuttgart
Bundesland: Baden-Württemberg

Das „FITZ! Zentrum für Figurentheater" ist eines der europäischen Zentren für Figurentheater. Kleine Besucher können lustige Entdeckungsreisen, spannende Abenteuer und geheimnisvolle Märchen mit den verschiedenen Figuren erleben.

SAARBURG

 SAB Kreis: Trier-Saarburg
Bundesland: Rheinland-Pfalz

Vögel aus aller Welt hautnah erleben kann man im Greifvogelpark Saarburg. Große Vögel wie der Weißkopfseeadler und kleine Eulen können hier bei ihrer Beutejagd beobachtet werden.

SCHWANDORF

 SAD — Stadt Schwandorf
Bundesland: Bayern

Im Schwandorfer Felsenkeller-Labyrinth lagerten früher die Bierfässer der Brauereien, weil es hier schön kühl war. Heute kann man bei einer spannenden Führung die 60 unterirdischen Räume und Gänge erkunden.

STADTSTEINACH

 SAN — Kreis: Hof, Kronach, Kulmbach
Bundesland: Bayern

In Stadtsteinach kann man auf dem Hainberg mit dem Gleitschirm oder mit dem Hängegleiter in die Luft starten und die Landschaft von oben betrachten. Wer sich alleine nicht traut, kann auch mit dem Piloten Tandemfliegen.

SALZWEDEL

 SAW — Kreis: Altmarkkreis Salzwedel
Bundesland: Sachsen-Anhalt

Das Freilichtmuseum Diesdorf steht im Altmarkkreis Salzwedel und versetzt seine Besucher in das Leben zwischen dem 17. und 20. Jahrhundert. Das Museumsdorf ist eines der ältesten in Deutschland und wurde 1911 gegründet.

SAARBRÜCKEN

 SB — Regionalverband Saarbrücken
Bundesland: Saarland

„Ein bisschen Frieden ..." errang den ersten Sieg für Deutschland beim Eurovision Song Contest 1982 und wurde von Nicole Hohloch gesungen. Die deutsche Schlagersängerin wurde in Saarbrücken geboren.

STRASBURG

 SBG — Kreis: Vorpommern-Greifswald
Bundesland: Meckl.-Vorpommern

Zwischen Friedland und Strasburg stehen die Berge Brohmer und Helpter, welche perfekte Entspannungsorte für Urlauber sind. Bei einer Fahrt mit der Postkutsche kann man Hügel, Wälder und Natursehenswürdigkeiten bestaunen.

SCHÖNEBECK

 SBK — Kreis: Salzlandkreis
Bundesland: Sachsen-Anhalt

Die Salzblume ist eine 16 m hohe Skulptur die die Salzgewinnung von Schönebeck symbolisiert. Die Blütenblätter sind dreieckige Elemente und stellen das Salz dar, das Tragwerk ist eine Nachbildung des Fachwerks der alten Salzspeicher.

SCHWABACH

 SC Stadt Schwabach
Bundesland: Bayern

In der traditionellen Goldschlägerwerkstatt in Schwabach erzählt ein Goldschläger-meister Wissenswertes, Skurriles und Amüsantes über das Handwerk. Er schlägt heute das Gold immer noch mit der Hand und zeigt dies in der Schauwerkstatt.

SONDERSHAUSEN

 SDH Kreis: Kyffhäuserkreis
Bundesland: Thüringen

Im Herzen Deutschlands liegt die Stadt mit Musik im Herzen: Sondershausen. Mit zahlreichen Konzerten, Open-Air-Veran-staltungen und Klavierkonzerten bietet Sondershausen für jeden Geschmack etwas.

SCHWEDT

 SDT Kreis: Uckermark
Bundesland: Brandenburg

Der Vogelpark Schwedt beschäftigt sich mit der Erhaltung, Haltung und Zucht von verschiedenen Finken, Exoten und Zier-vögeln. Man sollte sich Zeit nehmen, um die vielfältigen Vogelarten zu beobachten und das Gezwitscher zu genießen.

SCHLEIZ

 SCZ Kreis: Saale-Orla-Kreis
Bundesland: Thüringen

„Wisenta-Perle" ist ein Freibad in der Stadt Schleiz mit einer 55 m langen Wasser-rutsche, welche in das Erlebnisbecken führt. Das Erlebnisbecken ist mit Wasser-fällen und Sprudel-Massageliegen ausge-stattet.

STENDAL

 SDL Kreis: Stendal
Bundesland: Sachsen-Anhalt

Schönhausen im Kreis Stendal ist der Geburtsort von Otto von Bismarck. Er war in Preußen Ministerpräsident und der erste deutsche Reichskanzler. Im Torhaus befindet sich das Bismarck Museum, das ehemalige Geburtshaus von Bismarck.

BAD SEGEBERG

 SE Kreis: Segeberg
Bundesland: Schleswig-Holstein

In Bad Segeberg finden die Karl-May-Spiele statt. Der Wilde Westen mit den berühmten Romanfiguren Winnetou und Old Shatterhand wird hier thematisiert. Neben dem Freilichttheater findet man eine Westernstadt aus dem Jahre 1888.

SEBNITZ

 SEB
Kreis: Sächsi. Schweiz-Ostererzgeb.
Bundesland: Sachsen

Im Hochseilgarten Sebnitz kann man seine Grenzen kennenlernen – indem man die 10 m hohe Kletterwand erklimmt oder sich an einem der 14 verschiedenen Elementen austobt.

SCHEINFELD

 SEF
Kreis: Neustadt a. d. Aisch
Bundesland: Bayern

Über das Thema Holz erfährt man alles auf dem Scheinfelder Holztag. Dieser ist die größte öffentliche Holzausstellung in Bayern. Etwa 240 Anbieter stellen Holz-schmuck, Forstpflanzen und die Arbeit von Drechslern oder Schreinern vor.

SENFTENBERG

 SFB
Kreis: Oberspreewald-Lausitz
Bundesland: Brandenburg

Wintersportler, ob Anfänger oder Fortge-schrittene, können in der Skihalle Snow-tropolis Ski oder Snowboard fahren. Die Indoor-Skihalle in Senftenberg hat eine 130 m lange Abfahrt mit unterschiedlichem Gefälle.

SEELOW

 SEE
Kreis: Märkisch-Oderland
Bundesland: Brandenburg

Im zweiten Weltkrieg starben auf den Seelower Höhen viele Soldaten. Heute stehen hier eine Gedenkstätte und ein Museum, in diesem findet man Sachzeu-gen, Texte, Bild- und Tondokumente über die historischen Ereignisse von damals.

SELB

 SEL
Kreis: Wunschsiedel i. Fichtelge.
Bundesland: Bayern

Die erste Porzellanfabrik wurde 1857 auf der Ludwigmühle errichtet. Das „weiße Gold" machte aus Selb die Porzellanstadt. Heute findet man fast auf jedem Tisch Porzellan aus Selb. Im Porzellanikon kann man mehr über das Porzellan erfahren.

STASSFURT

 SFT
Kreis: Salzlandkreis
Bundesland: Sachsen-Anhalt

Der „Hof der Klugen Tiere" in Staßfurt im Salzlandkreis ist ein interaktiver Erlebnis-hof. Die Tiere werden modern und art-gerecht trainiert und den Kindern wird ein hautnaher Kontakt zu den Tieren ermög-licht.

SOLINGEN

 SG Stadt Solingen
Bundesland: Nordrhein-Westfalen

Die deutsche Schauspielerin Veronica Ferres wurde am 10. Juni 1965 in Solingen geboren. Im Jahre 2006 spielte sie in dem Jugendfilm „Die Wilden Hühner" mit und ist bis heute in vielen Filmen und Serien zu sehen.

SCHWÄBISCH HALL

 SHA Kreis: Schwäbisch Hall
Bundesland: Baden-Württemberg

In Schwäbisch Hall kann man an einer GPS-Schnitzeljagd „Katharina die Hexe" teilnehmen. Bei dieser Schnitzeljagd wird der Teilnehmer in das Jahr 1574 versetzt und erlebt die teilweise auf wahren Begebenheiten beruhende Geschichte.

SAALE-HOLZLAND-KREIS

 SHK Kreis: Saale-Holzland-Kreis
Bundesland: Thüringen

In der Leuchtenburg im Saale-Holzland-Kreis trifft Mittelalter auf Porzellan. Auf dem 20 m langen Steg der Wünsche werden Teller zerschellt, da Scherben Glück bringen sollen. Außerdem kann man an einem Ritteressen teilnehmen.

SANGERHAUSEN

 SGH Kreis: Mansfeld-Südharz
Bundesland: Sachsen-Anhalt

Mit mehr als 8600 verschiedenen Rosenarten und -sorten hat das Europa-Rosarium die größte Rosensammlung der Welt. Die mehr als 1000 Jahre alte Berg- & Rosenstadt Sangerhausen stellt die Entwicklungsgeschichte der Rose dar.

SCHAUMBURG

 SHG Kreis: Schaumburg
Bundesland: Niedersachsen

Sieben Linkskurven und vier Rechtskurven sind auf der RaceDome Kartbahn in Stadthagen zu befahren. Die Indoor-Kartbahn ist ca. 300 m lang und erlaubt eine Geschwindigkeit von 60 km/h.

SUHL

 SHL Stadt Suhl
Bundesland: Thüringen

Mehr als 220 Exemplare aus allen Bereichen des Fahrzeugbaus werden im Fahrzeugmuseum der Stadt Suhl gezeigt. In einem besonderen Raum wird der erfolgreiche Suhler Motorsport dargestellt.

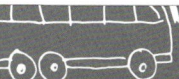

SIEGEN

 SI   Kreis: Siegen-Wittgenstein
Bundesland: Nordrhein-Westfalen

Der Barockmaler Peter Paul Rubens wurde 1577 in Siegen geboren. Das Geburtshaus des berühmten Malers wurde im Zweiten Weltkrieg zerstört. Heute steht an dieser Stelle nur noch eine Gedenktafel, die an den Maler erinnert.

SIMMERN/HUNSRÜCK

 SIM   Kreis: Rhein-Hunsrück-Kreis
Bundesland: Rheinland-Pfalz

Im Hunsrück liegt der Schinderhannes-Radweg. Das schwarz-weiße Logo des Radweges zeigt den deutschen Räuber Johannes Bückler, auch Schinderhannes genannt, welcher seine Raubzüge vor allem im Hunsrück verübt hat.

SCHLESWIG

 SL   Kreis: Schleswig-Flensburg
Bundesland: Schleswig-Holstein

Die Wikinger lebten zwischen dem 8. und dem 11. Jahrhundert auch in Schleswig. Die Hafenstadt Haithabu war das Handelszentrum der „Seekrieger". Heute gibt es in Haithabu ein Wikinger-Museum.

SIGMARINGEN

 SIG   Stadt Sigmaringen
Bundesland: Baden-Württemberg

In Sigmaringen kann man auf einem Spaziergang in der Natur zugleich auf 12 verschiedenen Schaukeln Spaß haben. Der Schaukelweg, zwischen dem Laizer Wehr und der Hängebrücke verläuft entlang der Donau.

SAALEKREIS

 SK   Kreis: Saalekreis
Bundesland: Sachsen-Anhalt

Die Rodelbahn Petersberg im Saalekreis ist rund 700 m lang und eine Schienenbahn. Bei fast jedem Wetter ist der Ausflug auf dem Schlitten möglich, der eine Geschwindigkeit von 40 km/h erreichen kann.

SCHLEIDEN

 SLE   Kreis: Düren, Euskirchen
Bundesland: Nordrhein-Westfalen

Der Nationalpark von Schleiden gilt seit Februar 2014 als „Sternenpark", da es dort noch richtig dunkel wird und man die Sterne deutlich sehen und beobachten kann.

SAALFELD

 SLF Kreis: Saalfeld-Rudolstadt
Bundesland: Thüringen

Die Feengrotte in Saalfeld ist die far-
benreichste Schaugrotte der Welt. In
dem einstigen Bergbau kann man eine
Zwergentour buchen. Die gute Luft des
Heilstollens stärkt das Immunsystem und
sorgt für Entspannung.

SCHMÖLLN

 SLN Kreis: Altenburger Land
Bundesland: Thüringen

Schmölln ist auch als die „Knopfstadt" bekannt. Hermann Donath und sein Bruder
Valentin Donath legten 1863 den Grund-
stock für die Knopffabriken in Schmölln und
brachten so die Stadt in einen wirtschaft-
lichen Aufschwung.

SCHLÜCHTERN

 SLÜ Kreis: Main-Kinzig-Kreis
Bundesland: Hessen

Das Lautersche Schlösschen in Schlüchtern
ist der heutige Sitz des Bergwinkelmuseums.
Das Heimatmuseum zog 1971 in das
ehemalige Trimbergsche Hofgut ein. Nach
dem Zweiten Weltkrieg war das Schloss
der Sitz der amerikanischen Besatzungs-
macht gewesen.

SALZLANDKREIS

 SLK Kreis: Salzlandkreis
Bundesland: Sachsen-Anhalt

Im Zoo Aschersleben im Salzlandkreis gibt
es unter den ca. 500 Tieren auch weiße
Tiger, welche in Ostdeutschland einzigartig
sind. Im Planetarium des Zoos können
Illusionen der sternenklaren Nacht erzeugt
werden.

SAARLOUIS

 SLS Stadt Saarlouis
Bundesland: Saarland

Silvia Incardona wurde 1968 in Saarlouis
geboren und ist heute Moderatorin in den
Bereichen Talk, Event, Show, Nachrichten,
Sport, Reise, Natur und Magazin. Seit dem
Jahr 2010 ist sie manchmal als Reporterin
für „Galileo" unterwegs.

BAD SALZUNGEN

SLZ Kreis: Wartburgkreis
Bundesland: Thüringen

Neben dem historischen Gradierwerk gibt
es ein Salz- und Saline-Museum in Bad
Salzungen. Die Ausstellung erklärt die
Entstehung und Gewinnung des faszinie-
renden Minerals.

SCHMALKALDEN-MEININGEN

 SM — Kreis: Schmalkalden-Meiningen
Bundesland: Thüringen

In der Kleinstadt Zella-Mehlis wird man in die Unterwasserwelt tropischer Ozeane versetzt: Hier steht das „Erlebnis Meeresaquarium" mit bizarren Korallen, Seeanemonen, Fischen, Reptilien und lebenden Steinen.

SCHWERIN

 SN — Stadt Schwerin
Bundesland: Meckl.-Vorpommern

Das Schweriner Schloss liegt in der Landeshauptstadt Schwerin und ist heute dessen Landtagssitz. Das Schloss wird auch „Cinderella-Schloss", „Märchenschloss" und „Neuschwanstein des Nordens" genannt.

SCHROBENHAUSEN

 SOB — Kreis: Neuburg-Schrobenhausen
Bundesland: Bayern

An der Stadtmauer von Schrobenhausen findet man das Lenbachmuseum, das Geburtshaus von Franz von Lenbach. Frühere Arbeiten, zahlreiche Studien und Skizzenbücher aus der Jugend des deutschen Portraitmalers sind hier zu finden.

SCHWABMÜNCHEN

 SMÜ — Kreis: Augsburg
Bundesland: Bayern

Eine Legende in Schwabmünchen besagt, dass zwei Personen, die sich gleichzeitig auf die Tiere des Strickerbrunnens am Schrannenplatz setzen, ihr Leben lang miteinander befreundet bleiben.

SOEST

 SO — Stadt Soest
Bundesland: Nordrhein-Westfalen

Das Waldfreibad in Anröchte inmitten eines Waldgebiets bietet viel Spaß im und außerhalb des Wassers. Die 54 m lange und 5,50 m hohe Wasserrutsche ist ein Höhepunkt für viele kleine Besucher.

SCHONGAU

 SOG — Kreis: Weilheim-Schongau
Bundesland: Bayern

Barfuß über die Erde laufen, das Bodenleben mit einer Lupe betrachten oder mit Naturinstrumenten ein Lied spielen, das kann man alles auf dem Walderlebnispfad am Kalvarienberg im oberbayerischen Landkreis Weilheim-Schongau erleben.

SAALE-ORLA-KREIS

 Kreis: Saale-Orla-Kreis
Bundesland: Thüringen

In Saalburg gibt es einen Märchenwald. Auf einem Gelände von sechs Hektar kann die ganze Familie in die Welt der Märchen der Gebrüder Grimm eintauchen: Detailgetreue Märchenfiguren erzählen hier ihre Geschichten.

SONNEBERG

 Stadt Sonneberg
Bundesland: Thüringen

100 verschiedene tropische Fischarten, Insekten und exotische Säugetiere sind im Nautiland Sonneberg zu Hause. Es gibt auch einen Urwald-Indoor-Spielbereich und ein Piratenzimmer für die kleinen Besucher.

SPREMBERG

 Kreis: Spree-Neiße
Bundesland: Brandenburg

Bei der Bergbautour in Spremberg erlebt man eine Entdeckungsreise mit dem Rad durch die ca. 150 Jahre alte Bergbaugeschichte. Sehenswert bei der Fahrt durch die Landschaft ist vor allem das Braunkohlekraftwerk.

SÖMMERDA

 Stadt Sömmerda
Bundesland: Thüringen

Im ehemaligen Wohnhaus des Erfinders Nicolaus von Dreyse befindet sich das Historisch-Technische Museum. Hier bekommt man einen guten Einblick in die Wohn- und Arbeitswelt des 19. Jahrhunderts.

SPEYER

 Stadt Speyer
Bundesland: Rheinland-Pfalz

Bei dem öffentlichen Fastnachtsspektakel in Speyer übernehmen die Narren das historische Rathaus und nehmen den Bürgermeister fest. An Fastnachtsdienstag wird der Gefangene freigelassen, das ist das symbolische Ende der Fastnacht.

SPREE-NEISSE

 Kreis: Spree-Neiße
Bundesland: Brandenburg

In der Stadt Guben gibt es das weltweit einzigartige Plastinarium. Hier können Besucher einen hautnahen Einblick in die Anatomie des Menschen erhalten.

STRAUBING

 SR — Kreis: Straubing-Bogen
Bundesland: Bayern

Im Tiergarten Straubing kann man das jungsteinzeitliche Bauernhaus besuchen und alles über das Leben vor 7000 Jahren lernen, zum Beispiel wie damals Feuer, Werkzeuge oder Schmuck gemacht wurden.

STADTRODA

 SRO — Kreis: Saale-Holzland-Kreis
Bundesland: Thüringen

In Eisenberg, der Kreisstadt des Saale-Holzland-Kreises, gibt es den Mühltal-Miniaturpark. Der Park wurde 2007 gegründet und zeigt Mühlen des Mühlentals in einem Maßstab von 1:20. Auch das frühere Leben der Leute im Tal wird veranschaulicht.

STARNBERG

 STA — Stadt Starnberg
Bundesland: Bayern

Die einzige Insel im Starnberger See ist die Roseninsel. Diese Gegend wurde sehr oft von „Sisi", der Kaiserin von Österreich, besucht. Sie wohnte stets im heutigen Hotel „Kaiserin Elisabeth".

STRAUSBERG

 SRB — Kreis: Märkisch-Oderland
Bundesland: Brandenburg

Das Flugplatz-Museum Strausberg war zuvor ein militärischer Flugplatz. Heute können Besucher eine Vielzahl an Flugzeug- und Flugmodellen, Flugzeugteilen, Fliegerutensilien und ca. 60 Bildertafeln anschauen.

STEINFURT

 ST — Kreis: Steinfurt
Bundesland: Nordrhein-Westfalen

Im Kreis Steinfurt liegt der Natur-Zoo Rheine. Besucher können hier die weltweit größte Gruppe von Blutbrustpavianen beobachten. Der Zoo hat für mehrere Gehege die Auszeichnung „Beste Tiergehege des Jahres" bekommen.

STERNBERG

 STB — Kreis: Ludwigslust-Parchim
Bundesland: Meckl.-Vorpommern

Auf dem Campingplatz Sternberg kann man direkt am Luckower See eine Kanu- oder Kajakfahrt machen. Während man die wunderschöne Seenlandschaft genießt, kann man bei der Bibertour mit Glück die Nagetiere beim Arbeiten beobachten.

STADE

 STD — Stadt Stade
Bundesland: Niedersachsen

Die „Bademutter Ursula" und „Schiffsfrau Johanna" führen die Kinder durch die Geschichte der Stadt Stade. Bei der Erlebnisführung erfährt man u.a., dass sie früher ihren Müll im Fluss entsorgten, da sie die moderne Müllabfuhr nicht kannten.

BAD STAFFELSTEIN

 STE — Kreis: Lichtenfels
Bundesland: Bayern

„Das macht nach Adam Riese ..." wird verwendet, um die Richtigkeit eines Rechenergebnisses zu unterstreichen. Dieser Adam Ries(e) ist in der Stadt Staffelstein geboren. Der Rechenmeister lebte von 1493 bis 1559.

STOLLBERG

 STL — Kreis: Erzgebirgskreis
Bundesland: Sachsen

Im Schloss Hoheneck befindet sich die Lern- und Erlebniswelt „Phänomenia". Hier können Alt und Jung gemeinsam alles über Elektrizität, Magnetismus, Schallwellen, Wasser und weitere Themen lernen.

SIEGBURG

 SU — Kreis: Rhein-Sieg-Kreis
Bundesland: Nordrhein-Westfalen

Auf der Siegessäule in Siegburg steht eine geflügelte Victoria auf einer Kugel und hält die Symbole für Frieden und Sieg in der Hand. Die Säule ist ein Kriegsdenkmal für die in den deutschen Einigungskriegen gefallenen Soldaten aus Siegburg.

SULZBACH

 SUL — Kreis: Amberg-Sulzbach
Bundesland: Bayern

Dank 33 Millionen Tonnen feinen Quarzsands ist Skifahren im Landkreis Amberg-Sulzbach das ganze Jahr über möglich. Der 120 m hohe Skiberg ohne Schnee ist eine weltweit einzigartige Attraktion.

SÜDLICHE WEINSTRASSE

 SÜW — Kreis: Südliche Weinstraße
Bundesland: Rheinland-Pfalz

Im Landkreis Südliche Weinstraße gibt es den Wild- und Wanderpark. Hier leben auf 100 Hektar Fläche 15 Tierarten. Schulklassen können die Wildpark-Schule besuchen und in offenen Klassenräumen alles über Tiere und Pflanzen lernen.

SCHWEINFURT

 SW
Kreis: Schweinfurt
Bundesland: Bayern

Der deutsche Koch Stefan Marquard wurde 1964 in Schweinfurt geboren. Im Fernsehen trat er bei „Die Kochprofis – Einsatz am Herd" und „Die Kocharena" auf und ist als Juror bei „Die Küchenschlacht" dabei.

SALZGITTER

 SZ
Stadt Salzgitter
Bundesland: Niedersachsen

Eisstockschießen, Eishockey oder Eiskunstlaufen – die Aktivitäten auf dem Eis sind vielfältig. In der Eissporthalle Salzgitter findet jeden Freitag im Monat der Eissaison um 18 Uhr die Kinder-Disco statt.

BAD SCHWALBACH

 SWA
Kreis: Rheingau-Taunus-Kreis
Bundesland: Hessen

Der Freizeitpark „Taunus Wunderland" war zu Beginn nur ein Märchenwald mit Streichelzoo. Im Laufe der Zeit kamen Fahrgeschäfte und animierte Märchendarstellungen aus Keramik und Ton dazu.

SCHWARZENBERG

 SZB
Kreis: Erzgebirgskreis
Bundesland: Sachsen

Das Museum Perla Castrum gibt einen Einblick in die 850-jährige Geschichte Schwarzenbergs. Spielerisch kann die ganze Familie lernen, wie die Gründung der Burg in Schwarzenberg vonstatten ging oder Interessantes über die Stadtgeschichte erfahren.

TAUBERBISCHOFSHEIM

 TBB
Kreis: Main-Tauber-Kreis
Bundesland: Baden-Württemberg

1954 wurde in Tauberbischofsheim der heute erfolgreichste Fechtclub der Welt gegründet. Der Fechtclub brachte schon viele Olympiasieger, Welt- und Europameister hervor sowie die zweimalige Olympiameisterin Anja Fichtel.

TORGAU, DELITZSCH, OSCHATZ

 TDO
Kreis: Nordsachsen
Bundesland: Sachsen

Der Marktplatz vor dem Rathaus der Stadt Torgau ist einer der schönsten Renaissance-Plätze in ganz Deutschland. Der Brunnen „Narren und Musikanten" schmückt seit dem Jahr 2000 den Platz.

TECKLENBURG

 TE Kreis: Steinfurt
Bundesland: Nordrhein-Westfalen

Die Festspielstadt Tecklenburg bietet ihren Besuchern künstlerische und kulturelle Angebote. Die Freilichtbühne Tecklenburg ist das größte Freilichtmusiktheater Deutschlands und befindet sich in der Ruine der Burg Tecklenburg.

TELTOW-FLÄMING

 TF Kreis: Teltow-Fläming
Bundesland: Brandenburg

Im Landkreis Teltow-Fläming gibt es den Tierpark Johannismühle, der in seiner abwechslungsreichen Landschaft vielen Tierarten ein Zuhause bietet – und sogar ehemaligen Zirkustieren, wie z. B. Löwen.

TIRSCHENREUTH

 TIR Stadt Tirschenreuth
Bundesland: Bayern

An der bayerisch-tschechischen Grenze liegt die Kreisstadt Tirschenreuth. Der Name entstand durch den Gründer Turso und die Endung -reuth, welche Orte kennzeichnet, die auf gerodeten Waldflächen entstanden sind.

TETEROW

 TET Kreis: Rostock
Bundesland: Meckl.-Vorpommern

Hier angelte einst ein Fischer einen riesigen Hecht. Um ihn bis zum Schützenfest frisch zu halten, ließ er ihn mit einer Glocke um den Hals frei. Doch er wurde nie mehr gefunden. Heute erinnert der Marktbrunnen an diese Sage.

TORGAU

 TG Kreis: Nordkreis
Bundesland: Sachsen

1945 trafen sich drei amerikanische und drei sowjetische Soldaten auf der zerstörten Elbbrücke und gaben sich den „Handschlag des Triumphs". Dieser soll Menschen aller Nationen daran erinnern, Differenzen friedlich zu lösen.

TORGAU-OSCHATZ

 TO Kreis: Nordsachsen
Bundesland: Sachsen

Die Döllnitzbahn ist eine Schmalspurbahn, die im Volksmund „Wilder Robert" genannt wird. Touristen und Einheimische können mit der historischen Eisenbahn von Oschatz nach Mügeln fahren.

BAD TÖLZ

 TÖL — Kreis: Bad Tölz-Wolfratshausen
Bundesland: Bayern

Die Sat.1-Krimireihe „Der Bulle von Tölz"
lief zum ersten Mal im Jahre 1996 und
hat heute mitten in Bad Tölz ein Museum.
Besucher können bei einer Führung allerlei
Interessantes über die Kultserie erfahren.

TRIER

 TR — Kreis: Trier-Saarburg/Trier
Bundesland: Rheinland-Pfalz

Eine Statue des einflussreichen Theore-
tikers des Sozialismus und Kommunismus,
Karl Marx, steht auf dem Simeonstiftplatz
in Trier. Die Karl-Marx-Statue wurde zu
seinem 200. Geburtstag in seiner Geburtsstadt aufgestellt.

TUTTLINGEN

 TUT — Kreis: Tuttlingen
Bundesland: Baden-Württemberg

Auf dem dicht bewaldeten Honberg steht
das Wahrzeichen von Tuttlingen, die Ruine
der Burg Honberg. Während des Krieges
wurde die Burg stark zerstört und viele
ihrer Steine für Reparaturen von Häusern
verwendete.

TEMPLIN

 TP — Kreis: Uckermark
Bundesland: Brandenburg

Angela Merkel ist seit dem 22. November
2005 die Bundeskanzlerin der Bundes-
republik Deutschland. Sie wuchs in Templin
auf und schloss ihr Abitur mit der Durch-
schnittsnote 1,0 ab.

TRAUNSTEIN

 TS — Kreis: Traunstein
Bundesland: Bayern

Dem Förderverein Alt-Traunstein gelang es
nach 150 Jahren, den durch den Stadtbrand
1851 beschädigten Jacklturm wieder auf-
zubauen. Der neue Turm gleicht in seiner
Erscheinung dem verlorenen Original.

TÜBINGEN

 TÜ — Kreis: Tübingen
Bundesland: Baden-Württemberg

Das Museum der Eberhard Karls Universität in Tübingen verfügt über eine außergewöhnliche und vielfältige Sammlung,
die auch zwei Stücke aus zwei UNESCO-
Welterbestätten beinhaltet.

UELZEN

 UE Kreis: Uelzen
Bundesland: Niedersachsen

Zur später Stunde geht der Nachtwächter durch die Uelzener Innenstadt und trifft dort stadtbekannte historische Persönlichkeiten. Die kostümierten Darsteller sorgen dafür, dass die Geschichte der Stadt lebendig wird.

UFFENHEIM

 UFF Kreis: Neustadt a. d. Aisch
Bundesland: Bayern

In Uffenheim steht das „Deutsche Schulhaus", welches einst als Fleischhaus diente. Die „Deutsche Schule" war ein Vorläufer der heutigen Volksschule und später eine reine Mädchenschule.

ULM

 UL Kreis: Alb-Donau-Kreis/Ulm
Bundesland: Baden-Württemberg

Mit einer Höhe von 161,53 m ist der 1890 vollendete Kirchturm des Ulmer Münsters der höchste Kirchturm auf der Welt. Das Ulmer Münster ist die größte evangelische Kirche in Deutschland, im 14. Jahrhundert wurde das spätgotische Bauwerk begonnen.

UECKERMÜNDE

 UEM Kreis: Vorpommern-Greifswald
Bundesland: Meckl.-Vorpommern

Schon seit es die Stadt Ueckermünde gibt, zählt die Fischerei zur Erwerbsquelle. Auch heute noch ist der Berufszweig der Fischer vorhanden. Man kann hier nicht nur frischen Fisch kaufen, sondern auch bis zu einem Meter lange Fische bewundern.

UNSTRUT-HAINICH

 UH Kreis: Unstrut-Hainich-Kreis
Bundesland: Thüringen

Im Unstrut-Hainich-Kreis gibt es das größte zusammenhängende Laubbaumgebiet Europas. In diesem Lebensraum können sich die vielfältigen Laubbaumarten und seltene Tiere, wie Wildkatzen und Schwarzstörche, ungestört entwickeln.

UCKERMARK

 UM Kreis: Uckermark
Bundesland: Brandenburg

Im Landkreis Uckermark liegt der Unteruckersee. Am nördlichen Teil des Seeufers liegt die Kreisstadt Prenzlau. Die Fläche des Sees beträgt ca. 10 km^2 – er ist der viertgrößte natürliche See in Brandenburg.

UNNA

 Kreis: Unna
Bundesland: Nordrhein-Westfalen

In der großen Kreisstadt Unna wurde 1972 der deutsche Schauspieler und Hörspielsprecher Sönke Möhring geboren. Er spielte unter anderem in der „Schiller-straße", in „Zweiohr-küken", „Kokowääh" und „The Impossible" mit.

VOGTLAND

 Kreis: Vogtlandkreis
Bundesland: Sachsen

In Chemnitz gibt es im Wald direkt ne-ben dem Stausee Rabenstein den Kletter-wald Chemnitz-Rabenstein. Hier können die Besucher über 100 Kletterelemente erleben und sich in eine Höhe von 15 m begeben.

VOGELSBERG

 Kreis: Vogelsbergkreis
Bundesland: Hessen

In der Greifvogelwarte Feldatal kann man neben täglichen Flugschauen auch die Jungvögel beobachten. Der Programm-punkt „Eulen in der Dämmerung" lässt Besucher in die Welt der Eulen eintau-chen.

USINGEN

 Kreis: Hochtaunuskreis
Bundesland: Hessen

Usingen ist auch unter dem Namen „Buch-finkenstadt" bekannt, nach dem Buchfin-kenlied von Theo Geisel, das den Heimat-begriff des Usinger Landes beschreibt. Zum Jubiläumsjahr 2002 schmückte sich die Stadt mit zahlreichen Buchfinkenfiguren.

VAIHINGEN

 Kreis: Ludwigsburg
Bundesland: Baden-Württemberg

Ein Sohn der Stadt Vaihingen ist Hartwig Gauder. Der ehemalige deutsche Leicht-athlet wurde 1954 geboren. Seine größten Erfolge waren die Siege bei den Olym-pischen Spielen in Moskau 1980 und bei der Weltmeisterschaft in Rom 1987.

VECHTA

 Kreis: Vechta
Bundesland: Niedersachsen

Der Stoppelmarkt in Vechta wurde erstmals im Jahre 1298 erwähnt. Jedes Jahr ab dem 15. August feiert die Stadt eines der größten Volksfeste in Norddeutschland. Auf dem 160 000 m² großen Marktgelände gibt es über 500 Stände.

VERDEN

 VER Kreis: Verden
Bundesland: Niedersachsen

Wer schon immer einmal in einem Baumhaus übernachten und währenddessen Wölfe beobachten wollte, hat im Wolfcenter in Dörverden diese Möglichkeit. In einem Baumhaushotel kann man durch die Glasscheibe die Wölfe sehen.

VILSBIBURG

 VIB Kreis: Landshut, Rottal-Inn
Bundesland: Bayern

Die neuromanische Kirche Maria Hilf liegt auf einer Anhöhe in der Stadt Vilsbiburg. Da sie häufig mit der ähnlichen Pfarrkirche Mariä Himmelfahrt verwechselt wurde, wird sie von den Einheimischen auch Bergkirche genannt.

VÖLKLINGEN

 VK Stadt Völklingen
Bundesland: Saarland

Eine der derzeit 44 Welterbestätten der UNESCO in Deutschland ist die Völklinger Hütte, ein ehemaliges Eisenwerk. Im Jahre 1994 wurde sie als Industriedenkmal zu einem Weltkulturerbe.

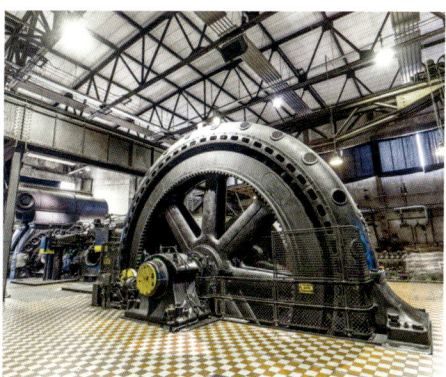

VORPOMMERN-GREIFSWALD

 VG Kreis: Vorpommern-Greifswald
Bundesland: Meckl.-Vorpommern

Die Universität Greifswald ist die älteste Universität Mitteleuropas und die viertälteste bestehende deutsche Universität. Heute haben die Studenten hier eine große Auswahl an Studiengängen.

VIERSEN

 VIE Kreis: Viersen
Bundesland: Nordrhein-Westfalen

Im Viersener Stadtteil Boisheim wuchs Mirja Boes auf, die heute eine bekannte deutsche Komikerin ist. Im Sommer 2001 trat sie unter dem Künstlernamen Möhre in Mallorca auf. Sie gewann bisher fünfmal den deutschen Comedypreis.

VOHENSTRAUSS

 VOH Kreis: Neustadt a.d. Waldnaab
Bundesland: Bayern

Pfalzgraf Friedrich ließ 1586 das Wahrzeichen der Stadt Vohenstrauß erbauen, das Schloss Friedrichsburg. Seit 2011 kann das Schloss für Feierlichkeiten, Veranstaltungen und Ausstellungen genutzt werden.

VORPOMMERN-RÜGEN

 VR — Kreis: Vorpommern-Rügen
Bundesland: Meckl.-Vorpommern

Im Landkreis Vorpommern-Rügen gibt es ein Dinosaurierland. Ein 1,5 km langer Pfad führt durch die Ausstellung mit über 120 Modellen in Lebensgröße. Man kann zum Beispiel mit Hilfe von Schaufel und Pinsel Dinosaurierskelette freilegen.

WUPPERTAL

 W — Stadt Wuppertal
Bundesland: Nordrhein-Westfalen

Das Wahrzeichen der Stadt ist die Wuppertaler Schwebebahn, die eigentlich eine Hängebahn ist. Sie wurde 1901 eingeweiht und steht heute unter Denkmalschutz. Die Bahn verkehrt auf einer Strecke von 13,3 km und in einer Höhe von 8–12 m.

WARENDORF

 WAF — Kreis: Warendorf
Bundesland: Nordrhein-Westfalen

In Warendorf ist der Bundesstützpunkt des Deutschen Olympiade-Komitees für Reiterei. Für den talentierten Nachwuchs und Spitzensportler bieten die Trainingsstätten optimale Voraussetzungen zur Vorbereitung auf verschiedene Wettkämpfe.

VILLINGEN-SCHWENNINGEN

 VS — Kreis: Schwarzwald-Baar-Kreis
Bundesland: Baden-Württemberg

Für den Turm der Villinger Benediktinerkirche hatte 1767 die Gießerei Grüninger ein integriertes Glockenspiel angefertigt. Heute ist das neue Glockenspiel in Villingen das größte im süddeutschen Raum.

WALDECK

 WA — Kreis: Waldeck-Frankenberg
Bundesland: Hessen

Die Bergstadt Landau wurde im 13. Jahrhundert gegründet. Damals mussten die Bewohner ihr Wasser vom Fuße des Berges hinauftragen. Erst die Wasserpumpenanlage von Schmied Bartholomäus Pfeiffer sollte das ändern.

WARTBURGKREIS

 WAK — Kreis: Wartburgkreis
Bundesland: Thüringen

Im Wartburgkreis können Besucher eine 21 km lange Rundfahrt durch das Erlebnisbergwerk Merkers unternehmen. In 500 m Tiefe befindet sich ein ehemaliger Großbunker, welcher heute als Konzertsaal dient.

WANNE-EICKEL

 Stadt Herne
Bundesland: Nordrhein-Westfalen

Durch die Stadt Herne fließt der Rhein-Herne-Kanal. Er wurde für wirtschaftliche Zwecke von 1906 bis 1914 in dem einst sumpfigen Emschertal erbaut. Heute passieren rund 80 Schiffe aus aller Welt den Kanal.

WITTENBERG

 Kreis: Wittenberg
Bundesland: Sachsen-Anhalt

Martin Luther lebte 1508 als Mönch im Augustinerkloster in Wittenberg. Durch die Reformation wurde das Kloster aufgelöst. So wurde aus dem Augustinerkloster das Lutherhaus, das größte reformationsgeschichtliche Museum der Welt.

WERDAU

 Kreis: Zwickau
Bundesland: Sachsen

Der deutsche Komponist Robert Schumann ist der bekannteste Sohn der Stadt. Heute zählt er zu den bedeutendsten Komponisten der Romantik. Seit 1901 steht sein Denkmal auf dem Robert-Schumann-Platz.

WATTENSCHEID

 Stadt Bochum
Bundesland: Nordrhein-Westfalen

Das Projekt KunstLichtTore sind Lichtinstallationen an 16 Bochumer Brücken und sollen die städtebauliche Struktur der Bochumer Innenstadt in den Vordergrund rücken. Die beleuchteten Brücken wurden von verschiedenen Künstlern gestaltet.

WORBIS

 Kreis: Eichsfeld
Bundesland: Thüringen

Die Aufnahme verletzter und gefundener elternloser Wildtiere war der ursprüngliche Zweck des heutigen Tierparks „Alternativer Bärenpark Worbis". Die ca. 140 Tiere lebten früher in Gefangenschaft und wurden schlecht behandelt.

WEIMAR

 Stadt Weimar
Bundesland: Thüringen

Vor dem deutschen Nationaltheater in Weimar steht das Goethe-Schiller-Denkmal. Eine zehnjährige Dichterfreundschaft verband Goethe und Schiller. Die gleiche Körpergröße soll die Ebenbürtigkeit der beiden deutschen Dichter betonen.

WEILBURG

 WEL

Kreis: Limburg-Weilburg
Bundesland: Hessen

Im Weilburger Stadtteil Kubach kann man eine eindrucksvolle Kristallhöhle besichtigen. Die Kristalle an den Wänden sind einzigartig. Die Höhle ist 200 m lang und bis zu 30 m hoch. Bei einer Führung erfährt man alles Wichtige über die Entstehung der Höhle.

WERTINGEN

 WER

Kreis: Dillingen a. d. Donau
Bundesland: Bayern

Die Sammlung von Heinz Hippele mit 70 Röhrenradios von verschiedenen Herstellern war die Basis für das Radiomuseum von Wertingen. Heute besteht die Sammlung aus ca. 600 Geräten und anderen Gegenständen aus früheren Zeiten.

WOLFENBÜTTEL

 WF

Kreis: Wolfenbüttel
Bundesland: Niedersachsen

Gotthold Ephraim Lessing wurde 1770 Bibliothekar in der Herzog August Bibliothek in Wolfenbüttel. Er schrieb unter anderem „Nathan der Weise". Wolfsbüttel ist auch als Lessingstadt bekannt.

WEIDEN

 WEN

Stadt Weiden in der Oberpfalz
Bundesland: Bayern

Der letzte Rest der alten Vorstadtmauer in Weiden ist der Flurerturm. Im Jahre 1634 wurde die Stadt belagert und die Mauer abgerissen. Nur der Flurerturm wurde wieder aufgebaut. Hier wohnte früher der „Flurer" (Feldpolizist).

WESEL

 WES

Kreis: Wesel
Bundesland: Nordrhein-Westfalen

„Wie heißt der Bürgermeister von Wesel?" „Esel!" – Das alte Echospiel ist nun ein Werbesymbol für die Stadt Wesel geworden. Das berühmte Markenzeichen ist in allerlei Art und Weise in der Stadt zu entdecken.

WILHELMSHAVEN

 WHV

Stadt Wilhelmshaven
Bundesland: Niedersachsen

Im Aquarium Wilhelmshaven gibt es verschiedene Schau-Aquarien mit über 300 Tierarten zu beobachten. In über 600 000 Litern Wasser leben unzählige Wasserbewohner, wie Seehunde, Haie, Pinguine und Antarktisfische.

WIESBADEN

 WI Stadt Wiesbaden
Bundesland: Hessen

Wiesbaden ist nicht nur die Landeshauptstadt von Hessen, sondern auch mit seinen 15 Thermal- und Mineralquellen eines der ältesten Kurbäder Europas. Wiesbaden belegte 2015 Platz sechs der wohlhabendsten Städte Deutschlands.

WISMAR

 WIS Kreis: Nordwestmecklenburg
Bundesland: Meckl.-Vorpommern

Im Welt-Erbe-Haus in Wismar können Besucher sich seit 2014 über die UNESCO und die Geschichte der Hansestadt informieren. Dieses Besucherzentrum ist das dritte seiner Art in Deutschland.

WITZENHAUSEN

 WIZ Kreis: Werra-Meißner-Kreis
Bundesland: Hessen

1972 wurde Martin Glade in Witzenhausen geboren. Heute ist der Schauspieler aus Kinofilmen wie „Auf Herz und Nieren" und „Süperseks" bekannt. Der Witzenhausener spielt seither in zahlreichen deutschen Fernseh- und Kinoproduktionen mit.

WITTLICH

 WIL Kreis: Bernkastel-Wittlich
Bundesland: Rheinland-Pfalz

In Wittlich steht das „Türmchen". Der Turm ist der Rest der Stadtbefestigung von 1317. Das „Türmchen" hat ein Guckloch in Form einer Löwenfratze und ein kleines Pietà-Relief.

WITTEN

 WIT Kreis: Ennepe-Ruhr-Kreis
Bundesland: Nordrhein-Westfalen

Rund 4500 Werke deutscher Maler und Grafiker besitzt das Märkische Museum Witten. Die aktuellen Entwicklungen der deutschen und internationalen Gegenwartskunst werden in Wechselausstellungen vorgestellt.

WITTSTOCK/DOSSE

 WK Kreis: Ostprignitz-Ruppin
Bundesland: Brandenburg

Eine der größten Feldschlachten des Dreißigjährigen Krieges fand 1636 am Scharfenberg nahe Wittstock statt. Auf dem Bohnekamp, im ehemaligem Zentrum des Schlachtfeldes, können sich Besucher über die Zeit informieren.

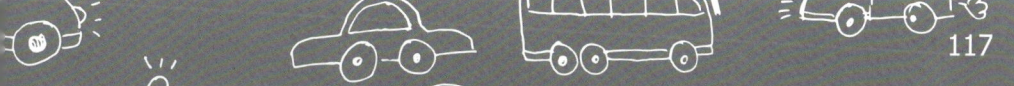

WINSEN (LUHE)

Kreis: Harburg
Bundesland: Niedersachsen

Durch die Landesgartenschau 2006 wurden die Winsener Luhegärten zu einer kleinen Touristenattraktion. Der Klostergarten ist ein perfekter Ort der Ruhe und Entspannung. Beim Tulpenfest kann man ein wahres Blumenmeer bestaunen.

WOLGAST

Kreis: Vorpommern-Greifswald
Bundesland: Meckl.-Vorpommern

Der Tierpark Wolgast bietet ca. 300 Tieren ein Zuhause. Dies verdanken die Tiere den Wolgaster Bürgern, welche durch freiwillige Bauleistungen den Tierpark aufbauten. Die Einweihung der Anlage fand 1961 statt.

WEILHEIM

Kreis: Weilheim-Schongau
Bundesland: Bayern

Jahrhundertelang wurde an Palmsonntag die Statue von Christus auf dem Esel durch die Straßen gezogen. Das lebensgroße Stück ist bis heute erhalten und kann im Stadtmuseum besichtigt werden.

WOLMIRSTEDT

Kreis: Börde
Bundesland: Sachsen-Anhalt

Die Wassermühle Elbeu gibt es schon seit dem 16. Jahrhundert. Sie ist heute ein beliebtes Ausflugsziel mit Café und einem sehenswerten Mühlrad.

WAIBLINGEN

Kreis: Rems-Murr-Kreis
Bundesland: Baden-Württemberg

Udo Walz ist ein deutscher Promi-Friseur und einer der Söhne der Stadt Waiblingen. Er ist durch seine berühmte Kundschaft, wie zum Beispiel Sarah Connor, Heidi Klum, Angela Merkel und Julia Roberts, bekannt geworden.

ST. WENDEL

Kreis: St. Wendel
Bundesland: Saarland

Eine Friedensstraße in Form der Skulpturenstraße war die Idee des Künstlers Otto Freundlich. Ihm ist die 17 km lange Skulpturenstraße in St. Wendel gewidmet, die der Künstler Leo Kornbrust anregte.

WORMS

 **WO** Stadt Worms
Bundesland: Rheinland-Pfalz

Der Dom St. Peter zählt zu den großartigsten Schöpfungen der romanischen Kirchenbaukunst. Hier fanden schon einige große Ereignisse statt: Im Jahr 1049 wurde dort der deutsche Papst Leo IX. gewählt und Friedrich der Große heiratete.

WOLFSBURG

 **WOB** Stadt Wolfsburg
Bundesland: Niedersachsen

Ausschlaggebend für die Entstehung der Stadt Wolfsburg war die Gründung des Volkswagenwerkes. Ursprünglich wohnten hier nur Angestellte des Werkes. Hier wurden unter anderem viele VW-Käfer gebaut, der ein Auto fürs Volk sein sollte.

WOLFHAGEN

 **WOH** Kreis: Kassel
Bundesland: Hessen

Ludwig Emil Grimm war der jüngere Bruder der weltbekannten Brüder Jacob und Wilhelm Grimm. Der jüngste Grimmbruder kam 1814 nach Wolfhagen und zeichnete dort viele Illustrationen für die Grimmsche Märchensammlung.

WOLFACH

 **WOL** Kreis: Ortenaukreis
Bundesland: Baden-Württemberg

Jedes Jahr am ersten Augustwochenende kommen Tausende von Besuchern aus ganz Europa in die kleine Stadt Wolfach, um das „Festival der Kristalle" zu besuchen. Ca. 100 Aussteller präsentieren hier ihre wertvollen Stücke.

WOLFRATSHAUSEN

 WOR Kreis: Bad Tölz, Wolfratshausen
Bundesland: Bayern

Die Stadt wird auch „Flößerstadt" genannt, weil auf der Isar früher viele Flößer unterwegs waren. Heute kann man bei einer Floßfahrt nach München auf deren Spuren wandeln.

WOLFSTEIN

 WOS Kreis: Freyung-Grafenau
Bundesland: Bayern

Das Kalkbergwerk am Königsberg in Wolfstein ist ein teschnisches Kulturdenkmal. Seit den 80er-Jahren wird das stillgelegte Bergwerk als Museum genutzt und führt in die vergangene Zeit der Bergleute.

WERNIGERODE

 WR Kreis: Harz
Bundesland: Sachsen-Anhalt

Wernigerode wird durch seine musikalische Tradition auch „Chorstadt" genannt. Seit 1999 findet alle zwei Jahre im Sommer das „Internationale Johannes-Brahms-Chorfestival" statt, bei dem sich Chöre und Musikgruppe in der Stadt am Harz treffen.

WASSERBURG AM INN

 WS Kreis: Rosenheim
Bundesland: Bayern

Das wertvollste Kunstwerk der Stadt Wasserburg am Inn ist ein holzgeschnitztes Altarbild. Dieses ist im Jahr 1500 von einem unbekannten Meister geschaffen worden und zeigt das Pfingstwunder.

WESTERSTEDE

 WST Kreis: Ammerland
Bundesland: Niedersachsen

Die Aussicht auf die Landschaft des Ammerlands kann man auf dem stillgelegten Gleis zwischen Westerstede und dem Stadtteil Ocholt auf einer Draisine genießen. Auf der 7 km langen Strecke laden drei Stationen zu einer kleinen Pause ein.

WAREN

 WRN Kreis: Mecklenburgische Seenplatte
Bundesland: Meckl.-Vorpommern

Theodor Fontanes Tochter Martha Fontane war das Vorbild mehrerer Romanfiguren und eine schreibfreudige Briefpartnerin. Nach dem Tod ihres Vaters heiratete sie Karl Emil Otto Fritsch und zog nach Waren in Mecklenburg.

WEISSENFELS

 WSF Kreis: Burgenlandkreis
Bundesland: Sachsen-Anhalt

Auf dem Klemmberg in Weissenfels wurde 1906 der Bismarckturm eingeweiht. Der 21 m hohe Turm ermöglicht seinen Besuchern einen guten Blick auf Weißenfels und das Saaletal.

WEISSWASSER

 WSW Kreis: Görlitz
Bundesland: Sachsen

In der Villa des Glasfabrikanten Wilhelm Gelsdorf in Weißwasser wurde 1996 das Glasmuseum eröffnet. Die Entwicklung und Geschichte der Lausitzer Glasindustrie wird hier mit über 60 000 Exponaten gezeigt.

WALDSHUT-TIENGEN

 WT
Kreis: Waldshut
Bundesland: Baden-Württemberg

Waldshut-Tiengen ist der Geburtsort des deutschen Sängers, Songwriters und Musikers Max Mutzke. Für Deutschland nahm er 2004 mit dem Lied „Can't Wait Until Tonight" am Eurovision Song Contest in Istanbul teil und belegte den achten Platz.

WÜRZBURG

 WÜ
Stadt Würzburg
Bundesland: Bayern

In Würzburg findet man die älteste Brücke, die über den Main führt, die „Alte Mainbrücke". Sie ist ein Wahrzeichen der Stadt und war bis 1866 der einzige Flussübergang. Die Brücke verbindet die Altstadt mit der gegenüberliegenden Festung Marienberg.

WALDMÜNCHEN

 WÜM
Kreis: Cham
Bundesland: Bayern

Der österreichische Erbfolgekrieg hatte 1742 auch Auswirkungen auf Waldmünchen: Die Stadt wurde vom Pandurenoberst Trenck und seinem Gefolge belagert. Seit 1950 wird bei den alljährlichen Festspielen dieses Szenario dargestellt.

WITTMUND

 WTM
Kreis: Wittmund
Bundesland: Niedersachsen

Die Kunstmeile der Stadt Wittmund wurde 2004 eingeweiht und durch die Hilfe von Bürgern, Gewerbebetrieben und vielen Sponsoren in den Kulturring Wittmund aufgenommen. Bisher sind insgesamt 10 Kunstwerke zu bestaunen.

WEISSENBURG

 WUG
Kreis: Weißenburg-Gunzenhausen
Bundesland: Bayern

In Weißenburg gibt es das teilrekonstruierte Kastell Biriciana. In der Nähe steht die größte ausgegrabene römische Therme Süddeutschlands. In dieser kann man vieles über die damalige Badekultur erfahren.

WUNSIEDEL

 WUN
Kreis: Wunsiedel im Fichtelgebirge
Bundesland: Bayern

Das Luisenburg-Felsenlabyrinth ist ein Felsenmeer aus 300 Millionen alten Granitblöcken und liegt im Naturschutzgebiet „Großes Labyrinth" bei Wunsiedel. Es ist das größte Felsenlabyrinth Europas.

WURZEN

 WUR Kreis: Leipzig
Bundesland: Sachsen

Wurzen wird auch die „Ringelnatzstadt"
genannt, da Joachim Ringelnatz 1883
hier zur Welt kam. Er war ein deutscher
Schriftsteller, der durch seine humoristi-
schen Gedichte um die Kunstfigur „Kuttel
Daddeldu" bekannt wurde.

WETZLAR

 WZ Stadt Wetzlar
Bundesland: Hessen

Der Wetzlarer Dom erscheint uneinheit-
lich: Die Fassade ist unfertig und der linke
Turm gelangt nie über das Sockelgeschoss
hinaus. Der Rest sollte durch einen impo-
santeren Kirchenneubau ersetzt werden,
die Finanzkrise verzögerte dies jedoch.

ZWICKAU

 Z Kreis: Zwickau
Bundesland: Sachsen

Im Landkreis Zwickau liegt das „Johannis-
bad Zwickau". Zwischen 1866 und 1869
ließ Dr. Schlobig das Privatbad und die
orthopädische Heilanstalt errichten. Nach
seinem Tod im Jahre 1887 hinterließ er
der Stadt die Badeanstalt.

WESTERWALD

 WW Kreis: Westerwaldkreis
Bundesland: Rheinland-Pfalz

Durch das große Tonvorkommen und
durch das entstandene Kannenbäcker-
handwerk wird die Region Westerwald
auch „Kannenbäckerland" genannt. Der
Ton wird in dieser Gegend auch das
„weiße Gold" genannt.

WANZLEBEN

 WZL Kreis: Börde
Bundesland: Sachsen-Anhalt

Die Salzgewinnung war in der Region jahrhundertelang die wichtigste Industrie. Die
„Salzige Tour" in Wanzleben führt über ur-
alte Handels- und Salzstraßen, auf denen
einst der Transport des „weißen Goldes"
stattfand.

ZERBST

 ZE Kreis: Anhalt-Bitterfeld
Bundesland: Sachsen-Anhalt

Katharina die Große, Zarin von Russland,
lebte von 1742–1744 im Zerbster Schloss.
Von hier aus reiste sie mit ihrer Mutter
nach Russland, um sich dort auf die
Hochzeit mit dem späteren Zaren vor-
zubereiten.

ZELL

 ZEL
Kreis: Cochem-Zell
Bundesland: Rheinland-Pfalz

Die Wildwasserbahn „Zum Rittersturz",
die Achterbahn „Heiße Fahrt", aber auch
Nasenbären und Waschbären sind im Wild-
& Freizeitpark Klotten zu finden. Neben
Tieren und aufregenden Fahrgeschäften
gibt es auch ein Mitmachkindertheater.

ZIEGENHAIN

 ZIG
Kreis: Schwalm-Eder-Kreis
Bundesland: Hessen

Die ehemalige Kreisstadt Ziegenhain
entstand im 11. Jahrhundert zur Siche-
rung eines Übergangs über die Schwalm.
Philipp I. ließ das Schloss in Ziegenhain in
eine Wasserfestung umbauen, die dann
als hessische Hauptfestung galt.

ZSCHOPAU

 ZP
Kreis: Erzgebirgskreis
Bundesland: Sachsen

Zschopau ist das Zuhause der Kreis-
musikschule. Die Schüler und Schüle-
rinnen können in 27 Instrumental- und
Vokalfächern ihre Fähigkeiten im Spiel
mit Instrumenten oder ihre Stimmen
trainieren.

ZWEIBRÜCKEN

 ZW
Kreis: Südwestpfalz/Zweibrücken
Bundesland: Rheinland-Pfalz

Zweibrücken ist der Sitz des Pfälzischen
Oberlandesgerichts. Durch die Zerstörung
des Zweibrücker Schlosses wurde der Sitz
nach Neustadt an der Weinstraße verlegt.
Das Oberlandesgericht kehrte 1965 zurück
nach Zweibrücken.

ZITTAU

 ZI
Kreis: Görlitz
Bundesland: Sachsen

Die beiden Fastentücher aus dem 15. und
16. Jahrhundert gehören zu den besonderen Sehenswürdigkeiten der Stadt Zittau.
Das große Fastentuch erzählt Gottes
Geschichte und das kleine zeigt die Kreu-
zigung Christi.

ZEULENRODA

 ZR
Kreis: Greiz
Bundesland: Thüringen

Die vielfältigen Landschaften des Landkreises Greiz bieten einer Vielzahl an
Tierarten ein Zuhause. Mit viel Glück kann
man hier scheue und seltene Arten entdecken, wie zum Beispiel die Haselmaus,
die Wildkatze oder den Fischotter.

ZEITZ

 ZZ
Kreis: Burgenlandkreis
Bundesland: Sachsen-Anhalt

In dieser Region leben und arbeiten heute
noch besonders viele Nachfahren von
Martin Luther. Seit 2001 ist Zeitz der
Stammsitz der Lutheriden-Vereinigung
und wird als Stadt der Luthernachkommen
bezeichnet.

AUTOKENNZEICHEN IN ÖSTERREICH

Die Kennungsnummer besteht aus Zahlen und Buchstaben.

Dieser Buchstabe steht für einen der 102 Bezirke in Österrreich.

Das „A" gibt an, dass der Wagen aus Österreich kommt.

An diesem Wappen erkennst du, aus welchem österreichischen Bundesland das Auto stammt.

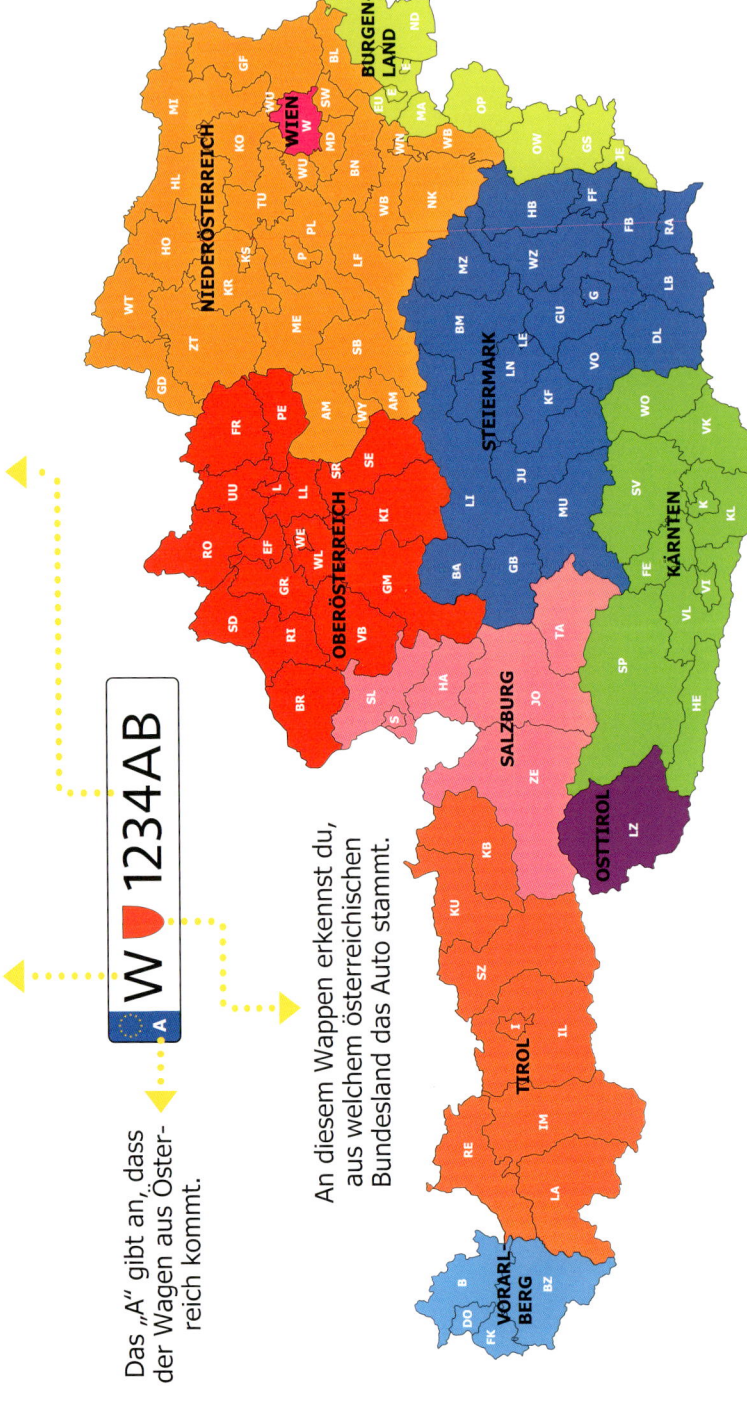

AM	=	Amstetten
B	=	Bregenz
BA	=	Bad Ausee
BL	=	Bruck an der Leitha
BM	=	Bruck an der Mur
BN	=	Baden
BR	=	Braunau am Inn
BZ	=	Bludenz
DL	=	Deutschlandsberg
DO	=	Dornbirn
E	=	Eisenstadt
EF	=	Eferding
EU	=	Eisenstadt-Umgebung
FB	=	Feldbach
FE	=	Feldkirchen
FF	=	Fürstenfeld
FK	=	Feldkirch
FR	=	Freistadt
G	=	Graz
GB	=	Gröbming
GD	=	Gmünd
GF	=	Gänserndorf
GM	=	Gmunden
GR	=	Grieskirchen
GS	=	Güssing
GU	=	Graz-Umgebung
HA	=	Hallein
HB	=	Hartberg
HE	=	Hermagor
HL	=	Hollabrunn
HO	=	Horn
I	=	Innsbruck-Stadt

IL	=	Innsbruck-Land
IM	=	Imst
JE	=	Jennersdorf
JU	=	Judenburg
JO	=	St. Johann im Pongau
K	=	Klagenfurt
KB	=	Kitzbühl
KF	=	Knittelfeld
KI	=	Kirchdorf an der Krems
KL	=	Klagenfurt-Land
KO	=	Korneuburg
KR	=	Krems-Land
KS	=	Krems an der Donau
KU	=	Kufstein
L	=	Linz
LA	=	Landeck
LB	=	Leibnitz
LE	=	Leoben-Stadt
LF	=	Lilienfeld
LI	=	Liezen
LL	=	Linz-Land
LN	=	Leoben
LZ	=	Lienz
MA	=	Mattersburg
MD	=	Mödling
ME	=	Melk
MI	=	Mistelbach
MU	=	Murau
MZ	=	Mürzzuschlag
ND	=	Neusiedl am See
NK	=	Neunkirchen
OP	=	Oberpullendorf

OW	=	Oberwart
P	=	St. Pölten-Stadt
PE	=	Perg
PL	=	St. Pölten-Land
RA	=	Radskersburg
RE	=	Reutte
RI	=	Ried am Innkreis
RO	=	Rohrbach
S	=	Salzburg-Stadt
SB	=	Scheibbs
SE	=	Steyr-Land
SD	=	Schärding
SL	=	Salzburg-Land
SP	=	Spittal an der Drau
SR	=	Steyr-Stadt
SV	=	St. Veit an der Glan
SW	=	Schwechat
SZ	=	Schwaz
TA	=	Tamsweg
TU	=	Tulln
UU	=	Urfahr-Umgebung
VB	=	Vöcklabruck
VI	=	Villach-Stadt
VK	=	Völkermarkt
V_	=	Villach-Land
VO	=	Voitsberg
W	=	Wien-Stadt
WB	=	Wiener Neustadt-Land
WE	=	Wels-Stadt
WL	=	Wels-Land
WN	=	Wiener Neustadt
WT	=	Waidhofen an der Thaya

WO	=	Wolfsberg
WU	=	Wien-Umgebung
WY	=	Waidhofen an der Ybbs
WZ	=	Weiz
ZE	=	Zell am See
ZT	=	Zwettl

ÖSTERREICH: HÄTTEST DU'S GEWUSST?

1. Jeder hat sie im Badezimmer stehen: eine Zahnpasta-Tube. Dr. Washington Sheffield erfand 1850 die Zahnpasta, doch er hatte das Problem, dass keine Verpackung die Austrocknung der Paste verhinderte. Der Österreicher Carl Sarg ließ sich von Ölfarben aus Tuben inspirieren und verkaufte 1887 mit der Marke Kalodont die erste Zahnpasta in der Tube.

2. Eins der ältesten Restaurants der Welt liegt in Salzburg. Der St. Peter Stiftskeller wurde im Jahre 803 eröffnet und bis heute kann man dort sein Essen genießen. Wer hier speist, tut das an einem Ort, an dem schon Freunde von Karl dem Großen diniert haben.

3. Wusstest du, dass das Führen eines falschen Adelstitels in Österreich nur 14 Cent kostet? Früher war das viel Geld für eine Strafe. Bis heute wurde der Betrag nicht erhöht. In Österreich gibt es jedoch 869 andere Titel, die man legal führen kann, vom Hof- oder Bergrat bis zum Magister.

4. Hallstatt am See ist ein wunderschönes Dorf im Salzkammergut und bei Touristen aus aller Welt sehr beliebt. In China baute man eine Kopie des Dorfes Hallstatt. Diese Kopie liegt an einem nicht ganz maßstabsgetreuen Nachbau des Sees und hat ein paar Palmen, welche es in Hallstatt nicht gibt. Die Hallstätter freuen sich sogar über die Kopie in China.

5. In Wien gibt es kleine Ampelfiguren-paare, darunter auch gleichgeschlecht-liche Paare. Eigentlich wurden sie nur für eine Veranstaltung angebracht, wurden dann aber dauerhaft installiert. Sobald die Ampel auf Grün schaltet, leuchtet sogar ein Herz zwischen dem Paar auf.

6. Die Flagge von Österreich hat eine nicht ganz so schöne Geschichte. Im 11. Jahrhundert hatte Herzog Leopold in einer Schlacht mit weißer Kleidung gekämpft. Diese war am Ende mit Blut verschmiert. Auf der jetzt roten Kleidung konnte man nur noch einen weißen Streifen sehen, da dort sein Gürtel plaziert war.

7. Ein Park voller Dinosaurier oder ein Außerirdischer, der nach Hause telefonieren möchte – dank Steven Spielberg, dem weltbekannten Regisseur und Produzenten, können wir einige großartige Filme sehen. Aber wusstest du, dass er seinen Nachnamen von seinen Vorfahren in Österreich hat? Diese lebten nämlich damals in der Steiermarkt auf Schloss Spielberg.

8. Es kommt öfter mal zu kleinen Verwechslungen, wenn man den Satz „I am from Austria" (Ich bin aus Österreich) sagt. Dann werden die Österreicher nach Kängurus gefragt, da so mancher „Austria", das englische Wort für Österreich, mit dem Kontinent Australien verwechselt. Deswegen kann man Tassen, Schilder und Shirts mit der Aufschrift „No Kangaroos in Austria" (Keine Kängurus in Österreich) kaufen.

9. Der älteste noch bestehende Zoo der Welt ist der Schönbrunner Tiergarten in Wien. Dieser wurde 1752 von den Habsburgern gegründet. Er hat eine Fläche von 17 Hektar und gibt 746 Tierarten aus aller Welt ein Zuhause. Besonders ans Herz gewachsen ist dem Zoo das Pandaschutz-Programm: Im August 2007 kam Fu Long zur Welt, der erste Panda-Junge in Europa.

10. Österreichs Haupstadt ist Wien. Sie ist die zweitgrößte Stadt im deutschen Sprachraum und die sechstgrößte in der EU. Ein Drittel der Gesamtbevölkerung Österreichs lebt in Wien. Das Schloss Schönbrunn, der Vergnügungspark Wurstelprater, das Hundertwasserhaus und die Karlskirche sind Sehenswürdigkeiten, die man gesehen haben muss.

11. 1703 wurde das „Wiennerische Diarium" gegründet, welches sich mit internationaler und überregionaler Berichterstattung befasste. Diese alte Tageszeitung gibt es in Form dcr Wiener Zeitung immer noch und sie ist heute die älteste noch erscheinende Tageszeitung der Welt.

12. Postkarten gehören einfach zu jedem Urlaub dazu und schon im 19. Jahrhundert verschickten die Österreicher Postkarten. Die allererste wurde am 1. Oktober 1869 aus der damaligen Doppelmonarchie Österreich-Ungarn versendet. Damals wurden Postkarten jedoch nur verschickt, um kurze Nachrichten günstig zu versenden.

AUTOKENNZEICHEN IN DER SCHWEIZ

Die Erkennungsnummer mit bis zu sechs Zahlen.

Eines der 26 Kantonswappen gibt zusätzlich an, in welchem Kanton der Wagen zugelassen ist.

Das Landeswappen der Schweiz.

LU · 123456

Diese Buchstaben verraten dir, aus welchem Kanton das Auto kommt.

AG = Aargau
AI = Appenzell Innerrhoden
AR = Appenzell Ausserrhoden
BE = Bern (Berne)
BL = Basel-Landschaft
BS = Basel-Stadt
FR = Freiburg (Fribourg)
GE = Genf (Genève)
GL = Glarus
GR = Graubünden (Grigioni)
JU = Jura
LU = Luzern
NE = Neuenburg (Neuchâtel)
NW = Nidwalden
OW = Obwalden
SG = St. Gallen
SH = Schaffhausen
SO = Solothurn
SZ = Schwyz
TG = Thurgau
TI = Tessin (Ticino)
UR = Uri
VD = Waadt (Vaud)
VS = Wallis (Valais)
ZG = Zug
ZH = Zürich

SCHWEIZ: HÄTTEST DU'S GEWUSST?

1. Die Schweiz hat vier Landessprachen: Die meistgesprochene Sprache ist Deutsch mit ungefähr 74 %, danach folgt Französisch mit 23 % und Italienisch mit 8 %. Diese drei Sprachen sind Amtssprachen auf Bundesebene. Rätoromanisch mit 0,6 % ist eine regionale Amtssprache und wird am meisten in Graubünden gesprochen.

2. Du hast bestimmt schon mal von der Schweizer Neutralität gehört. Seit knapp 200 Jahren hält sich die Schweiz erfolgreich aus bewaffneten Konflikten heraus. Diese Neutralität des Landes zählt zu einem der wichtigsten Grundsätze der Schweizer Außenpolitik.

3. Es ist illegal, in der Schweiz ein Meerschweinchen alleine zu halten, da Meerschweinchen Rudeltiere sind und die Gemeinschaft mit Artgenossen bevorzugen. Dieses Gesetz gilt jedoch nicht nur für die kleinen Schweinchen, sondern auch für Goldfische, Wellensittiche, Pferde und andere gesellig lebende Tiere. Mit Freunden lebt es sich nun mal einfach besser.

4. Fast jeder hatte schon einmal Heimweh. Das ist die Sehnsucht in der Fremde, wenn man wieder zurück nach Hause gehen möchte. Dieser Begriff lässt sich erstmals 1651 in der Schweiz nachweisen. Erst im 19. Jahrhundert wurde er auch in anderen deutschsprachigen Ländern eingeführt. Heimweh wird deshalb auch als „Schweizer Krankheit" bezeichnet.

5. Ein größeres Ziffernblatt als der „Big Ben" in London hat die Bahnhofsuhr in Aarau: Sie hat ein Ziffernblatt mit einem Durchmesser von 9 m und somit das zweitgrößte Europas. Die Uhr hängt am Aarauer Bahnhof, welcher 2008 komplett neu aufgebaut wurde und seit August 2010 wieder in Betrieb ist.

6. Quadratische Staatsfahnen sind nur die Schweizer Flagge und die Fahne des Vatikans. Alle anderen Nationalflaggen sind rechteckig. Das weiße Kreuz symbolisiert das Christentum, Neutralität, Demokratie, Schutz und Frieden. Das Schweizer Kreuz wurde schon im Spätmittelalter verwendet.

7. Die 1000-Franken-Note ist weltweit die im Umlauf befindliche Banknote mit dem höchsten Wert. Die Euro-Banknote mit dem höchsten Wert ist die 500-Euro-Note. Die Schweizer lieben ihre „Tausender". 2014 waren 38 Millionen von diesen Banknoten im Umlauf. Die 1000-Franken-Note wäre umgerechnet eine 881-Euro-Note (2019).

8. Das Eis von „Mövenpick" kennt fast jeder. Das Unternehmen wurde 1948 von Ueli Prager in Zürich gegründet. „Mövenpick" verdankt seinen Namen den frechen Möwen am Zürichsee. Diese pickten den Passanten das Essen aus den Händen, was Prager zu dem Namen seines Unternehmens inspirierte.

9. 40 Schiffswracks und einige Eisenbahnwagen aus dem 19. Jahrhundert liegen im Genfersee. Die Eisenbahnwagen sind vermutlich durch den Einbruch einer Brücke oder durch eine Entgleisung im See gelandet. Der Genfersee liegt auf der Grenze zwischen Frankreich und der Schweiz.

10. Offiziell besitzt die Schweiz keine Hauptstadt. Während der Gründung des schweizerischen Bundesstaates 1848 konnte man sich nicht auf eine Hauptstadt einigen und ob überhaupt eine benötigt wird. Der Kompromiss war Bern. Die Stadt ist nun der Sitz von Bundesregierung, Bundesversammlung und Bundes-verwaltung sowie Bundessitz.

11. Die Schweiz ist die Heimat von über 450 Käsesorten, in verschiedenen Reifegraden. Die Faustregel lautet: Umso länger die Reife, desto in-tensiver der Geschmack. Berühmte Sorten wie Schweizer Emmentaler und Schweizer Raclette, aber auch Rariäten, wie L'Etivaz, kann man hier entdecken.

12. Am Seeufer in Montreux kann man eine Statue von Freddie Mercury sehen. Der Sänger der Band Queen verliebte sich nach einem Festival in Montreux und dessen ruhige Umge-bung. Freddie Mercury, Brian May, Roger Taylor und Mike Grose kauf-ten sich sogar ein Aufnahmestudio in der Schweiz. Das letzte Album „Made in Heaven" wurde auch in der Schweiz aufgenommen.

WENN'S MAL WIEDER LÄNGER DAUERT

Auch wenn Ausflüge mit dem Auto eine Menge Spaß machen, kann es auf längeren Strecken hin und wieder zu Langeweile kommen. Damit das nicht passiert, kann man sich mit lustigen Spielen die Zeit während eines Staus oder einer Pause auf der Raststätte vertreiben.

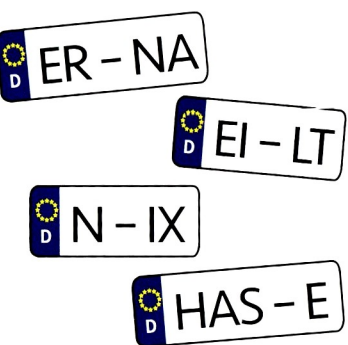

KFZ-Zeichen erraten

Der Klassiker unter den Autospielen geht immer! Mit diesem Buch als Kontrolle kann munter drauf los geraten werden, von wo die Autos stammen, die sich um einen herum befinden. Wer die meisten Autokennzeichen kennt, gewinnt.

Ich sehe was, was du nicht siehst

Insbesondere während eines Staus hat man die Gelegenheit, seine Umgebung mal ganz genau unter die Lupe zu nehmen. Warum dies nicht für ein Spiel nutzen? Wer anfängt, sagt den Satz: „Ich sehe was, was du nicht siehst" und alle anderen dürfen Ja-Nein-Fragen stellen, um herauszufinden, was es ist. Wer die Lösung als Erster errät, ist als Nächster dran.

Wer bin ich?

Einmal eine berühmte Person sein – mit diesem Spiel ist das möglich, zumindest theoretisch … Wenn du weißt, welcher Promi du sein möchtest, geht es los. Die anderen stellen dir Fragen, um herauszufinden, wer du bist. Du darfst allerdings nur mit Ja und Nein antworten. Hast du zehn Mal mit Nein geantwortet und das Rätsel ist noch nicht gelöst, hast du gewonnen.

Ich packe meinen Koffer …

Bei diesem Spiel gilt: je mehr Spieler, desto lustiger. Der Fahrer beginnt und überlegt sich einen Gegenstand, z.B. eine Sonnenbrille und sagt: „Ich packe meinen Koffer und nehme mit … eine Sonnenbrille". Wer als Nächster dran ist, muss die genannten Gegenstände wiederholen und einen weiteren hinzufügen. Wer sich die meisten Gegenstände merken kann, gewinnt.

Lieder erraten

Hierfür braucht man nur ein funktionierendes Autoradio. Der Beifahrer spielt Musik für wenige Sekunden an und stoppt sie dann. Wer zuerst Liedtitel und Interpret weiß, entscheidet die Runde für sich.

Und Action ...

Natürlich kannst du dir unterwegs auch die Technik des 21. Jahrhunderts zunutze machen, um dich nicht zu langweilen. Ob auf einem Tablet oder einem Smartphone – heutzutage kann man ja ganz unkompliziert Filme und Serien über Video-on-Demand-Portale schauen. Also Film ab!

Buchstaben- oder Wortkette

Am Anfang des Spiels wird eine Wortkategorie festgelegt, z. B. Urlaubsreise. Der Jüngste beginnt und nennt ein Wort zu der passenden Kategorie, z. B. Koffer. Der Nächste muss nun ein Wort nennen, das mit dem letzten Buchstaben des vorherigen Wortes beginnt, also zum Beispiel Rucksack. Wer kein Wort mehr weiß, hat verloren.

RP	Rheinland-Pfalz	SPN	Spree-Neiße	WAF	Warendorf
RS	Remscheid	SR	Straubing	WAK	Wartburgkreis
RSL	Roßlau	SRB	Strausberg	WAN	Wanne-Eickel
RT	Reutlingen	SRO	Stadtroda	WAT	Wattenscheid
RU	Rudolstadt	ST	Steinfurt	WB	Wittenberg
RÜD	Rüdesheim	STA	Starnberg	WBS	Worbis
RÜG	Rügen	STB	Sternberg	WDA	Werdau
RV	Ravensburg	STD	Stade	WE	Stadt Weimar
RW	Rottweil	STE	Bad Staffelstein	WEL	Weilburg
RZ	Ratzeburg	STL	Stollberg	WEN	Weiden
		SU	Siegburg	WER	Wertingen
S		SUL	Sulzbach	WES	Wesel
S	Stuttgart	SÜW	Südliche Weinstraße	WF	Wolfenbüttel
SAB	Saarburg	SW	Schweinfurt	WHV	Wilhelmshaven
SAD	Schwandorf	SWA	Bad Schwalbach	WI	Wiesbaden
SAN	Stadtsteinach	SZ	Stadt Salzgitter	WIL	Wittlich
SAW	Altmarkkreis Salzwedel	SZB	Schwarzenberg	WIS	Wismar
SB	Saarbrücken			WIT	Witten
SBG	Strasburg	**T**		WIZ	Witzenhausen
SBK	Schönebeck	TBB	Tauberbischofsheim	WK	Wittstock
SC	Schwabach	TDO	Torgau, Delitzsch, Oschatz	WL	Winsen (Luhe)
SCZ	Schleiz	TE	Tecklenburg	WLG	Wolgast
SDH	Sondershausen	TET	Teterow	WM	Weilheim
SDL	Stendal	TF	Teltow-Fläming	WMS	Wolmirstedt
SDT	Schwedt	TG	Torgau	WN	Waiblingen
SE	Bad Segeberg	TIR	Tirschenreuth	WND	St. Wendel
SEB	Sebnitz	TO	Torgau-Oschatz	WO	Worms
SEE	Seelow	TÖL	Bad Tölz	WOB	Wolfsburg
SEF	Scheinfeld	TP	Templin	WOH	Wolfhagen
SEL	Selb	TR	Trier	WOL	Woltach
SFB	Senftenberg	TS	Traunstein	WOR	Wolfratshausen
SFT	Staßfurt	TÜ	Tübingen	WOS	Wolfstein
SG	Solingen	TUT	Tuttlingen	WR	Wernigerode
SGH	Sangerhausen			WRN	Waren
SHA	Schwäbisch Hall	**U**		WS	Wasserburg am Inn
SHG	Schaumburg	UE	Uelzen	WSF	Weißenfels
SHK	Saale-Holzland-Kreis	UEM	Ueckermünde	WST	Westerstede
SHL	Suhl	UFF	Uffenheim	WSW	Weißwasser
SI	Siegen	UH	Unstrut-Hainich	WT	Waldshut
SIG	Sigmaringen	UL	Ulm	WTM	Wittmund
SIM	Simmern	UM	Uckermark	WÜ	Würzburg
SK	Saalekreis	UN	Unna	WUG	Weißenburg
SL	Schleswig	USI	Usingen	WÜM	Waldmünchen
SLE	Schleiden			WUN	Wunsiedel
SLF	Saalfeld	**V**		WUR	Wurzen
SLK	Salzlandkreis	V	Vogtland	WW	Westerwaldkreis
SLN	Schmölln	VAI	Vaihingen	WZ	Wetzlar
SLS	Saarlouis	VB	Vogelsberg	WZL	Wanzleben
SLÜ	Schlüchtern	VEC	Vechta		
SLZ	Bad Salzungen	VER	Verden	**Z**	
SM	Schmalkalden-Meiningen	VG	Vorpommern-Greifswald	Z	Zwickau
SMÜ	Schwabmünchen	VIB	Vilsbiburg	ZE	Zerbst
SN	Schwerin	VIE	Viersen	ZEL	Zell
SO	Soest	VK	Völklingen	ZI	Zittau
SOB	Schrobenhausen	VOH	Vohenstrauß	ZIG	Ziegenhain
SOG	Schongau	VR	Vorpommern-Rügen	ZP	Zschopau
SOK	Saale-Orla-Kreis	VS	Villingen-Schwenningen	ZR	Zeulenroda
SÖM	Sömmerda			ZW	Zweibrücken
SON	Sonneberg	**W**		ZZ	Zeitz
SP	Speyer	W	Wuppertal		
SPB	Spremberg	WA	Waldeck		

© 2019 design cat GmbH

Genehmigte Lizenzausgabe
EDITION XXL GmbH
Industriestraße 19
64407 Fränkisch-Crumbach 2019
www.edition-xxl.de

Layout, Satz und Umschlaggestaltung:
design cat GmbH

ISBN 978-3-89736-715-9